공부머리 깨우는 수학게임

84 Amazing Maths Games By Anna Claybourne and Amy Willcox

Copyright © Arcturus Holdings Limited

Korean translation copyright © 2023 by Booksetong Co., Ltd.
This Korean edition published by arrangement with Arcturus Holdings
Limited through YuRiJang Literary Agency.

이 책의 한국어판 저작권은 유리장 에이전시를 통해 저작권자와 독점 계약한
㈜북새통에 있습니다. 저작권법에 의하여 한국 내에서 보호를 받는 저작물이므로
무단전재 및 복제를 금합니다.

공부머리 깨우는 수학 게임

초판 1쇄 발행 2023년 2월 6일

지은이	애나 클레이본
옮긴이	이은경
펴낸이	김영범

펴낸곳	㈜북새통 · 토트출판사
주소	(03955)서울특별시 마포구 월드컵로36길 18 902호
대표전화	02-338-0117
팩스	02-338-7160
출판등록	2009년 3월 19일 제315-2009-000018호
이메일	thothbook@naver.com

ⓒ Arcturus Holdings Limited
ISBN 979-11-87444-83-1   73410

잘못된 책은 구입한 서점에서 교환해 드립니다.

초등 수학을 더 재미있게!

공부머리 깨우는 수학 게임

애나 클레이본 지음 · 이은경 옮김

토트 주니어

차례

게임을 시작하기 전에 ⋯ 8

1장 둘이서 할 수 있는 게임

1 마지막 동전을 잡아라 ⋯ 12
2 헥스 게임에 도전하세요 ⋯ 14
3 동전 빼기 게임 2가지 ⋯ 16
4 가두고 뒤집기 ⋯ 18
5 마지막 핀을 잡아라 ⋯ 20
6 조약돌 색칠하기 ⋯ 21
7 암호를 해독하라 ⋯ 22
8 프라임 스냅 ⋯ 24
9 구구단 스냅 ⋯ 25
10 주사위 결투 ⋯ 26
11 나인 멘즈 모리스 ⋯ 28
12 반란군과 장군 ⋯ 30

2장 실용적인 숫자 게임

13 기회의 주사위 … 34
14 수열의 비밀을 풀어라 … 36
15 박테리아 붐 … 38
16 자동차 점수 매기기 … 40
17 눈대중으로 치수 찾기 … 42
18 스무트 게임 … 43
19 2진수 레이스 … 44
20 2진법 뒤집기 … 46
21 2진법 암호 … 47
22 파이 챌린지 … 48
23 파이 끈 … 49
24 격자 고리 만들기 … 50
25 가방 만들기 … 51
26 가쿠로 … 52

3장 신기한 도형 게임

27 모자이크 타일 … 56
28 두 가지 모양 패턴 만들기 … 57
29 탱그램 … 58
30 블록 쌓기 … 60
31 테트라 블록 … 61
32 나의 반쪽 찾기 … 62
33 그래프 암호 풀기 … 64
34 그래프 메시지 보내기 … 65
35 숨어 있는 삼각형은 몇 개일까? … 66
36 정사각형 안의 삼각형 세기 … 67
37 별 안의 삼각형 세기 … 67
38 도형 탐험가 … 68
39 잃어버린 조각 찾기 … 69
40 가장 적은 수의 사각형 … 70
41 줄줄이 종이인형 … 72
42 원형 패턴 만들기 … 73
43 루프터너 … 74

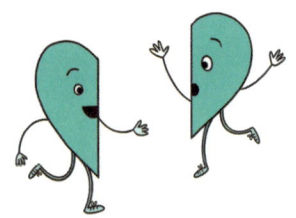

4장 펜과 종이만 있으면 게임 준비 끝

- 44 뱀 게임 … 78
- 45 뱀 전투 … 79
- 46 케이크 먹어치우기 … 80
- 47 스프라우트 … 81
- 48 나만의 삼각형 만들기 … 82
- 49 나만의 사각형 만들기 … 83
- 50 삼각형을 조심해! … 84
- 51 운명의 점 … 86
- 52 풍선 터뜨리기 … 87
- 53 블로킹 블록 … 88
- 54 달과 별의 박스 전쟁 … 90
- 55 다섯 개의 점을 연결하라! … 91
- 56 숫자 미로 … 92
- 57 틱택토 … 94
- 58 4칸 틱택토 … 94
- 59 멀티 틱택토 … 95
- 60 전 함대, 공격하라! … 96

5장 생활 속 마법 도구 게임

- 61 구슬을 굴려라! … 100
- 62 준비하시고~ 쏘세요! … 102
- 63 헥스타일 … 104
- 64 보물섬 지도 … 106
- 65 수열 점잇기 … 108
- 66 더 어려운 점잇기 … 109
- 67 3차원 틱택토 … 110
- 68 사각 우물고누 … 112
- 69 하와이 루루 … 113
- 70 쉬시마 … 114
- 71 나 홀로 돌 … 116
- 72 스키테일 암호 … 118

6장 함께 하면 더욱 즐거운 단체 게임

73 버즈를 외쳐라! … 122
74 멀티버즈 게임 … 123
75 백투백, 등 뒤의 숫자 맞히기 … 124
76 내 번호를 맞혀 봐 … 126
77 30까지 세기 … 128
78 느리게 그리기 … 129
79 벤 게임 … 130
80 슈퍼 빙고 … 132
81 딱정벌레 그리기 … 134
82 101 아웃 … 136
83 팀 번호 게임 … 138
84 37 게임 … 140

용어 해설 … 142
정답 … 143

게임을 시작하기 전에

알쏭달쏭하지만 재미있는 수학 문제와 놀이 활동,
직접 만들거나 해결하는 게임들로 가득한 멋진 세계에 오신 것을 환영합니다.
그런데…… 과연 무슨 이야기를 하려는 걸까요?

수학은 정말 쓸모가 많답니다!

수학은 학교 수업시간에 배우는 어려운 공부라고만 생각하나요? 하긴 수학자들은 평생 복잡한 숫자들과 씨름해야 하지요. 하지만 조금만 생각을 바꾸면 좀 더 재미있게 즐길 수도 있답니다.

수학에는 특별한 즐거움이 숨겨져 있거든요!

우리가 학교에서 수학을 배우는 데는 그럴 만한 이유가 있습니다. 수학이 일상생활에서 상당한 부분을 차지하기 때문이죠. 항상 숫자가 필요하잖아요. 예를 들어…….

친구와 약속 시간을 정할 때

낯선 곳에서 길을 찾으려 할 때

조리법에 따라 요리를 만들 때

작은 모형에서부터 실제 집에 이르기까지, 뭔가를 지을 때

돈을 셀 때

몸이 아파서 체온을 잴 때……

등등 온갖 상황에서 숫자가 쓰입니다!

놀라운 숫자의 세계

과학과 기술 분야에서 수학은 중요한 역할을 합니다. 다양한 작업에서 쓸모가 있거든요. 비행기와 로켓을 띄우는 일부터 일기예보, 고층 건물이나 다리를 무너지지 않게 잘 짓는 일 그리고 약을 정확한 양으로 복용하게 하는 일에 이르기까지 말이죠.

수학자들이 이러한 모든 일을 제대로 수행해내지 못 한다면, 무시무시한 재앙이 닥칠 거예요!

게임을 시작해 볼까요?

수학은 중요하기만 한 게 아니고 상당히 재미있기도 합니다. 숫자와 도형 그리고 계산 게임으로 색다르게 즐길 수도 있답니다. 이 책에 나오는 게임들처럼 말이죠.

높고도 멀리!

어떻게 되는 걸까?

'게임 속 과학'은 흥미로운 게임에 숨어 있는 중요한 아이디어를 설명하는 코너입니다.

이럴 때 해 보세요

종이 한 장과 연필 한 자루만 있으면 할 수 있어요.

지루한 여행길도 즐겁게 만들어 주죠.

파티에서 그룹으로 하거나, 학교에서 학급 친구들 또는 한 무리의 친구들과도 즐길 수 있어요.

혼자 또는 두 사람, 여럿이서도 할 수 있답니다.

자, 이제 게임을 즐길 일만 남았네요!

1장

둘이서 할 수 있는 게임

① 마지막 동전을 잡아라

두 사람이 하기에 알맞은 게임입니다.
사람들은 수백 년 혹은 수천 년에 걸쳐 이 게임들을 즐겨왔답니다.
아주 잘 알려져 있는 게임부터 시작해 보죠.

준비물

- 편평한 판
- 같거나 비슷한 물건 16개, 동전, 칩, 구슬, 사탕 등 어떤 것이든 상관없어요.

게임 방법

① 여러분이 정한 물건들을 이와 같이 네 줄로 정렬한 후 시작하세요.

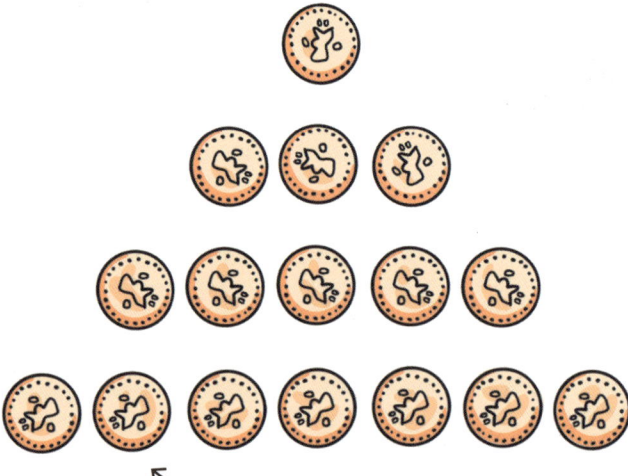

← 1개, 3개, 5개, 7개, 모두 합해 16개예요!

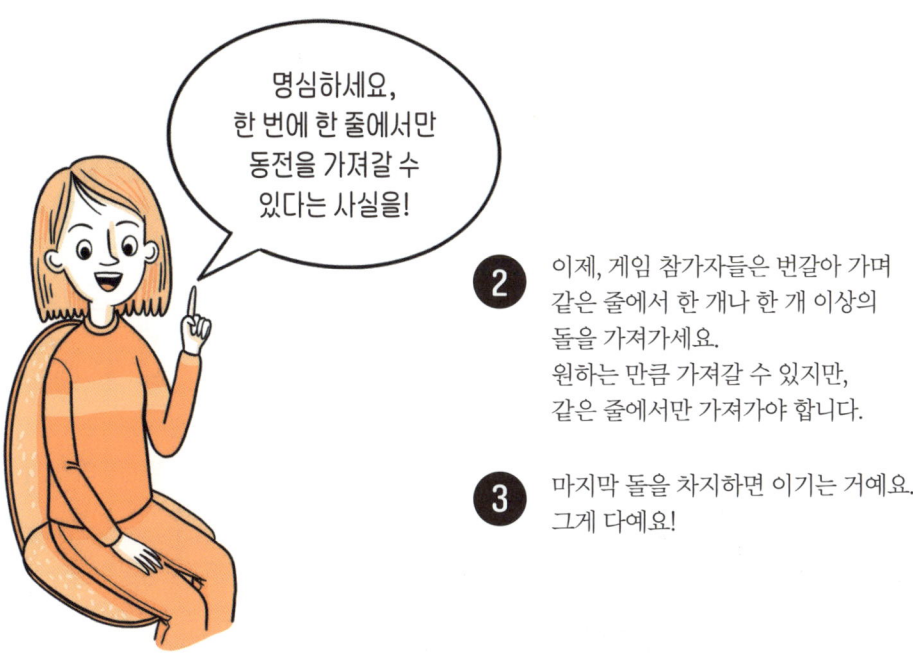

명심하세요, 한 번에 한 줄에서만 동전을 가져갈 수 있다는 사실을!

❷ 이제, 게임 참가자들은 번갈아 가며 같은 줄에서 한 개나 한 개 이상의 돌을 가져가세요. 원하는 만큼 가져갈 수 있지만, 같은 줄에서만 가져가야 합니다.

❸ 마지막 돌을 차지하면 이기는 거예요. 그게 다예요!

게임 속 과학

이 게임은 '님Nim'이라는 오래된 게임이에요! 수학자들은 상당히 오랜 시간 님 게임의 원리를 연구해왔습니다. 여러분도 몇 번 해 보면, 자신이 원하는 대로 상대를 움직이게 하는 교묘한 방법들이 있다는 사실을 깨닫게 될 거예요.

이렇게도 해 보세요!
게임을 다양하게 변화시킬 수도 있습니다. 돌의 수와 줄의 수를 달리해서 진행하면 돼요. 예를 들어, 이와 같이 12개의 돌을 세 줄로 놓고 시작해 보세요.

이번에는 반대로, 마지막 돌을 가져가는 사람이 승자가 아닌 패자가 되는 방식으로 할 수도 있답니다.

② 헥스 게임에 도전하세요

흥미로운 '헥스Hex' 게임을 즐기기 위해서는 육각형들로 구성된 특별한 보드가 필요합니다.

게임 준비

① 헥스 게임은 대개 11개의 육각형이 각 면을 따라 그려져 있는 마름모 모양의 판 위에서 진행돼요. 마주 보는 두 면이 서로 같은 색으로 되어 있어요. 다음과 같이 말이죠.

> **준비물**
> - 헥스 보드
> - 색이 다른 두 종류의 칩(각각 25개씩)

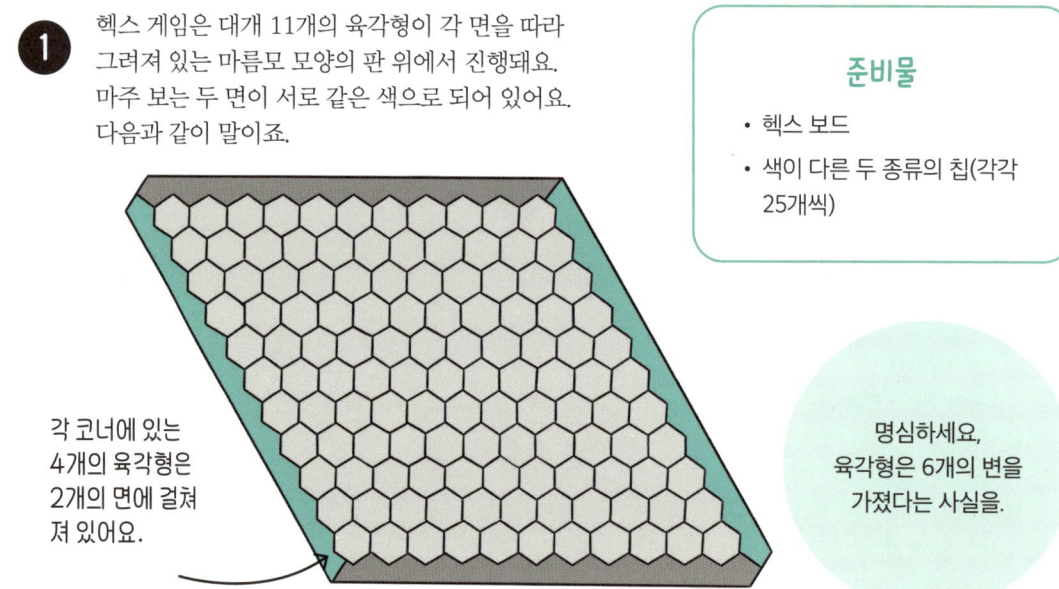

각 코너에 있는 4개의 육각형은 2개의 면에 걸쳐져 있어요.

명심하세요, 육각형은 6개의 변을 가졌다는 사실을.

② 이것을 본떠서 헥스 보드를 판지로 직접 만들어도 되고, 컴퓨터와 프린터가 있다면 인터넷에서 헥스 보드를 찾아 인쇄해도 좋습니다.

③ 더불어 육각형 칸 위에 놓을 2가지 색깔 작은 칩이 많이 필요합니다. 플라스틱 칩을 사용해도 좋고, 없다면 판지를 작게 잘라 칩으로 사용해도 좋습니다(각각 25개씩).

다 쓰면 더 만들어서 사용하면 되니까요!

게임 방법

4 게임 참가자들은 한 가지 색을 고른 후, 자신의 칩과 같은 색의 보드 쪽에 앉습니다.

5 순서대로 번갈아 가며 자신이 가진 칩들 중 하나를 보드의 어느 곳에든 놓습니다. 이 게임의 목적은 돌을 연결해 보드를 가로지르는 길을 만드는 거예요. 자신의 색깔인 두 면을 이어주는 거죠.

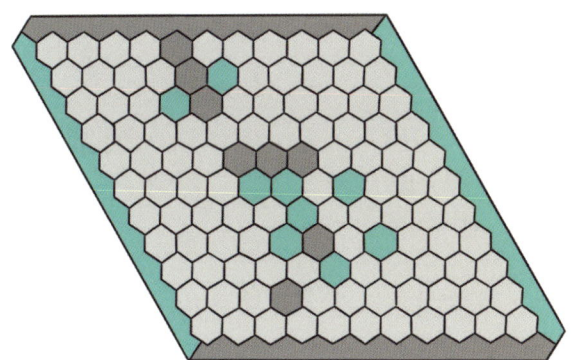

게임 속 과학

헥스 게임은 여느 수학 게임들처럼 고대에 만들어진 게 아닙니다. 1940년대에 창안되어 아직 100년도 지나지 않았어요. 피트 하인Piet Hein과 존 내쉬John Nash라는 두 명의 수학자가 개별적으로 똑같은 아이디어를 떠올렸던 거예요. 헥스 게임은 본인과 상대가 서로의 길을 막으면서, 자신만의 길을 만들어야 하는 만큼 상당히 교묘하게 머리를 써야 합니다!

위대한 수학자들은 생각이 비슷한가 봐요!

③ 동전 빼기 게임 2가지

이 게임을 하려면 수북하게 쌓인 동전이나 칩이 필요합니다.
첫 번째 게임인 '제곱수 빼기 Subtract a Square'를 하기 위해서는 제곱수에 대해서도 알아야 해요.

제곱수는
어떤 수의 제곱이
되는 수를 말합니다!

예를 들어,
4는 제곱수예요.

9도 마찬가지고요.

모든 제곱수는 같은 숫자를 곱한 결과입니다.
그러니까 예를 들면 9는 3×3이죠.

몇 가지 제곱수를 적은 목록이 있으니,
게임 하는 동안 옆에 두세요.

1	(1 x 1)
4	(2 x 2)
9	(3 x 3)
16	(4 x 4)
25	(5 x 5)
36	(6 x 6)
49	(7 x 7)
64	(8 x 8)
81	(9 x 9)
100	(10 x 10)

1도 제곱수예요!

제곱수 빼기 게임

① 어느 정도의 동전을 쌓아 더미를 만든 후, 교대로 게임을 진행합니다.

② 본인의 차례가 되면, 제곱수만큼 동전을 가져와야 합니다. 따라서 1개, 4개, 9개 또는 16개의 동전을 가져올 수 있고, 동전이 매우 충분하다면 100개까지도 가져올 수 있어요.

4개의 동전

마지막 동전을 차지하는 사람이 승자예요!

게임 속 과학

동전의 수가 20개 미만으로 줄어들면, 결국 상대의 차례일 때 동전이 2개 남도록 만들어야 하는 전략 게임이 됩니다. 상대는 2개 중 하나를 가질 수밖에 없으므로 승리는 당신 차지!

동전 더미 게임

이것은 비슷한 게임이지만, 동전 더미가 하나가 아닌 두 개가 있어야 합니다.

① 동전들을 두 더미로 나누세요. 동전의 수를 똑같이 나눌 필요는 없어요.

② 각자 차례로 '제곱수 빼기' 게임에서처럼 몇 개의 동전을 빼면서 게임을 시작합니다. 그렇지만 규칙은 달라요.
- 한쪽 더미 또는 양쪽 더미에서 동전을 얼마든지 가져와도 됩니다.
- 다만 양쪽 더미에서 동전을 가져올 경우, 각각의 더미에서 똑같은 수의 동전을 가져와야 합니다.
- 마지막 동전을 차지한 사람이 승자예요.

간단하게 들리지만, 상당히 머리를 써야 한다는 사실을 곧 알게 될 거예요!

4 가두고 뒤집기

이 게임은 여러 형태가 있으며 다양한 이름으로 불립니다. 몇천 년이 지난 게임이라고 말하는 사람들도 있지만, 최근에 새로운 버전들이 만들어졌고, 그중 하나가 '오델로Othello'라는 보드게임 형태로 나와 있습니다.

게임 준비

1 각 면에 8개의 칸이 있는, 총 64칸으로 이루어진 격자판 위에서 게임을 합니다. 종이나 판지에 연필과 자로 쉽게 그릴 수 있습니다. 아니면 인터넷에서 찾아 프린트해도 괜찮습니다.

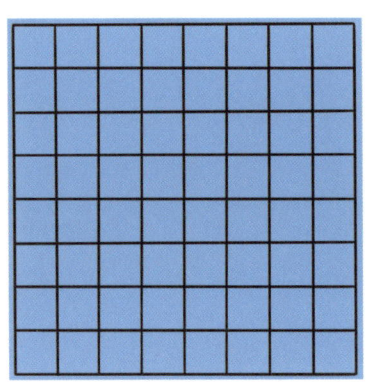

준비물
- 종이 또는 판지
- 자
- 연필
- 가위
- 풀

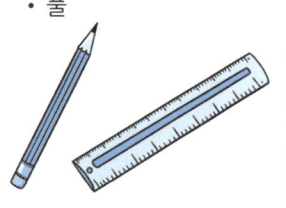

2 칩도 64개 필요합니다. 각각의 칩은 앞뒷면이 검은색과 흰색으로 되어 있어야 합니다(또는 파란색과 빨간색, 아니면 다른 색 조합도 괜찮아요).

서로 다른 색의 판지를 동그랗게 오린 다음 앞뒤로 붙여서 칩을 만드세요.

3 두 참가자들은 검은색 또는 흰색을 선택해서, 교대로 보드 위에 하나씩 놓아가며 게임을 합니다.

게임 방법

4 이와 같이 처음 4개의 수는 가운데 네 칸에서 시작해야 합니다.

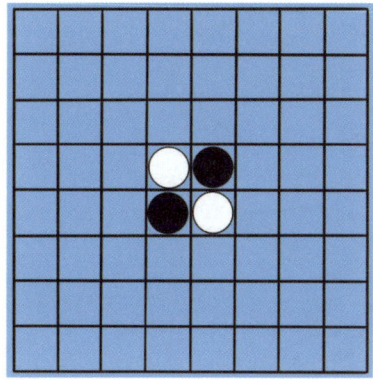

5 그 이후에는, 수를 둘 때마다 하나 또는 둘 이상의 일직선(세로, 가로, 대각선)을 이룬 상대의 칩 양쪽에 본인의 칩을 놓아 상대의 칩을 가둬야 합니다. 여기 한 예가 있습니다.

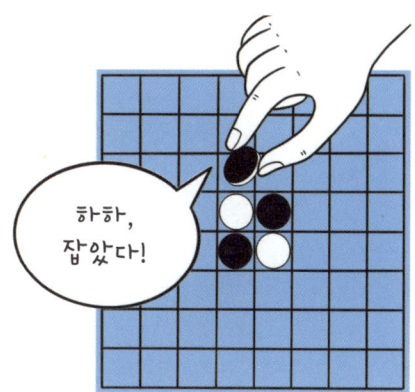

6 그런 다음 '갇힌' 하나 또는 여러 개의 칩을 뒤집어 본인의 색으로 바꿔줍니다.

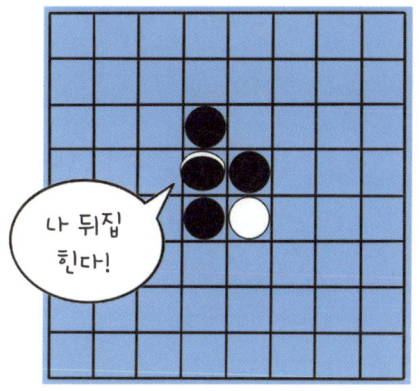

7 본인이 더 이상 수를 둘 수 없다면 기회는 사라집니다. 상대방 역시 수를 둘 수 없게 되면 게임은 종료됩니다.

게임이 끝났을 때, 가장 많이 보이는 색깔 쪽이 승자입니다.

게임 속 과학

칩이 '갇힐' 때마다 뒤집어야 합니다. 각각의 칩은 게임 내내 여러 번 뒤집힐 수 있으니까요.
되도록 상대의 가장 긴 칩 줄을 자신의 칩으로 가둬 보세요.

5 마지막 핀을 잡아라

케일이 무엇일까요? 일종의 볼링핀과 비슷한데, 이 게임의 기본 룰은 한 줄로 늘어선 케일들을 넘어뜨리는 것입니다. 심지어 볼링공도 필요 없습니다!

1 볼링 핀이 있다면 한 줄로 나란히 놓습니다. 도미노 패나 휴지심 같은 다른 물건으로 대체해도 괜찮습니다.

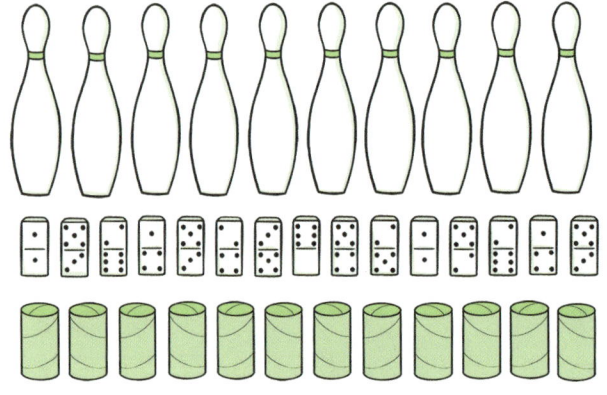

> **준비물**
> • 볼링 핀이나 도미노 패 또는 휴지심 같은 원통

물건의 수량은 상관이 없지만 많을수록 게임을 더 오래 즐길 수 있어요!

2 게임을 하는 두 사람이 번갈아 핀을 쓰러뜨립니다. 본인의 차례가 되면 하나 또는 나란히 있는 2개의 핀을 쓰러뜨릴 수 있습니다.

3 마지막 핀을 쓰러뜨리는 사람이 승자입니다!

> **게임 속 과학**
>
> 이 게임의 이름은 '케일Kayles'이에요. 수학 퍼즐 전문가인 헨리 듀드니Henry Dudeney에 의해 1908년에 창안되었습니다. 규칙은 간단하지만 이기려면 영리한 전략이 필요합니다. 본인의 차례가 되면 마지막에 핀 1개 또는 나란히 놓인 2개의 핀을 남기려고 노력해야 합니다. 신중하게 전략을 짜세요!

6 조약돌 색칠하기

종이로 하는 퍼즐 같은 조약돌 게임입니다.

1 종이 위에 15개의 조약돌을 그립니다.

> **준비물**
> - 종이
> - 연필
> - 2가지 색의 펜 또는 크레용

2 게임 참가자들은 자신의 조약돌을 어떻게 꾸밀 것인지 결정합니다. 예를 들면, 한 사람은 초록색, 다른 사람은 회색으로 정하는 식입니다.

3 본인 차례가 되면 조약돌 한 개나 두 개 또는 세 개에 색을 칠할 수 있습니다. 본인 마음대로입니다! 다만 게임이 끝났을 때 칠한 조약돌이 짝수가 아닌 '홀수가 되도록' 하는 게 중요합니다.

4 모든 조약돌이 칠해지면, 각자 자신의 색깔 조약돌 수를 셉니다. 조약돌 개수가 홀수인 쪽이 승자입니다!

회색이 이겼군요!

7 암호를 해독하라

이 게임에서 당신은 상대의 비밀번호를 알아내기 위해 암호를 풀어야 하는 스파이가 됩니다.

준비물

- 종이 묶음
- 종이
- 자

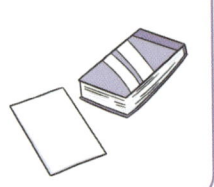

게임 방법

1 게임 참가자 한 사람이 4자리의 숫자를 임의로 떠올립니다. 상대가 그 숫자를 볼 수 없도록 종이에 씁니다. 예를 들면 2873이라는 숫자라고 칩시다.

← 종이를 접어 보이지 않도록 잘 둡니다.

2 이와 같이 4개의 숫자를 적을, 4개의 가로 칸을 가진 격자판을 종이에 그립니다.

3 상대는 그게 어떤 숫자인지 추측해야 합니다. 일단은 4857 같은, 임의의 숫자로 시작해야 합니다. 추측한 숫자를 격자판 맨 위 칸에 씁니다.

4 이제, 암호를 정한 사람은 상대가 추측한 숫자를 살펴봅니다.
각 숫자에 다음과 같은 기호를 덧붙이면서요.

체크 표시 ✓
맞는 위치에 맞는 숫자라는 의미입니다.

별 표시 *
틀린 위치에 맞는 숫자라는 의미입니다.

숫자 전체에 엑스 표시 ✗
완전히 틀린 숫자라는 의미입니다.

5 상대는 이러한 표시를 토대로, 이제 또 하나의 숫자를 추측해 낼 수 있습니다.

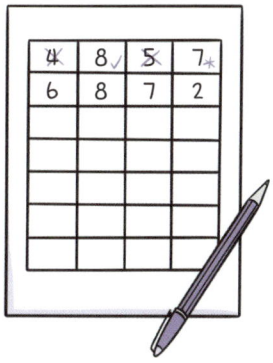

8은 제자리에 두어야 합니다. 맞으니까요.
7도 두어야 하지만 다른 자리로 옮겨야겠죠.
4와 5는 탈락시킬 겁니다. 틀렸으니까요. 그리고 다른 숫자들을 쓸 겁니다.
정답에 점점 가까워지고 있습니다! 6은 틀렸네요. 그렇지만 8과 7은 이제 둘 다 맞는 위치에 있습니다. 그리고 2가 있네요, 비록 위치는 다르지만요.

6 암호를 정한 사람은 새로운 숫자에 특별한 기호들을 표시하고, 상대는 암호를 완전히 풀 때까지 되풀이 해서 시도합니다!

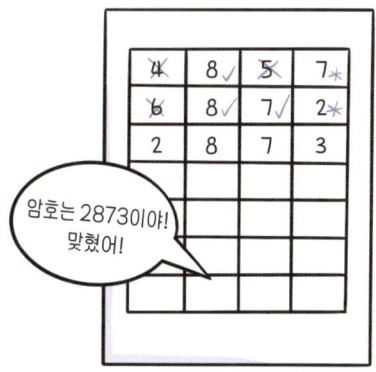

암호는 2873이야! 맞혔어!

그런 다음 서로 입장을 바꿔 다시 합니다.
더 적은 추론 횟수로 암호를 푼 사람이 승자입니다.

게임 속 과학

이 게임에서, 게임 참가자는 이전의 모든 숫자에서 정보를 얻어 그것이 맞는지 틀리는지 밝혀야 이길 수 있습니다. 그저 추론만 하지 말고 모든 단서를 활용하세요!

소수 파워!

⑧ 프라임 스냅

스냅 게임을 해봤다면, 혹시 수학 스냅 게임을 해 본 적은 있나요?
그럼 지금부터 '프라임 스냅Prime Snap'을 시작해 볼까요?

게임 준비

1 이 게임을 하기 위해서는 1부터 50까지의 숫자가 적힌 카드 한 벌이 필요합니다. 판지를 직사각형으로 오려 그 위에 마커펜으로 숫자를 써서 만드세요. 아니면 더 이상 필요 없는 낡고 평범한 카드 한 벌을 활용해 그 위에 숫자를 적어 사용해도 좋습니다.

준비물
- 판지 또는 낡은 카드 한 벌
- 가위
- 마커펜

2 프라임 스냅은 소수를 이용해서 하는 게임입니다. 소수는 1과 자신만으로 나누어질 수 있는 수를 말합니다.

1	2	3	4	5	6	7	8	9	10
11	12	13	14	15	16	17	18	19	20
21	22	23	24	25	26	27	28	29	30
31	32	33	34	35	36	37	38	39	40
41	42	43	44	45	46	47	48	49	50
51	52	53	54	55	56	57	58	59	60
61	62	63	64	65	66	67	68	69	70
71	72	73	74	75	76	77	78	79	80
81	82	83	84	85	86	87	88	89	90
91	92	93	94	95	96	97	98	99	100

1과 100 사이에는 25개의 소수가 있습니다. 여기에서 그 숫자들을 모두 볼 수 있습니다.

게임 방법

3 카드의 앞면을 아래로 해서 두 더미로 나눕니다. 게임 참가자들은 각각 한 더미씩 나눠 가진 다음, 차례로 카드를 하나씩 뒤집어 가운데에 놓습니다.

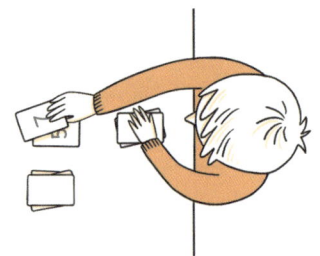

4 소수를 적은 카드가 나오면, 곧바로 '프라임!'이라고 외친 후 가운데에 놓인 카드 더미를 가져옵니다.

5 자신의 차례에서 더 이상 뒤집을 카드가 없어지면 게임은 끝나고, 상대가 승리합니다!

게임 속 과학

소수의 존재는 수학자들에게 커다란 수수께끼입니다. 소수는 영원히 계속되는 듯 보이는데, 누구도 일정한 패턴을 찾아내지 못했습니다. 맞은편 페이지 격자판에 적힌 소수들에서 어떤 규칙이 보이시나요?

⑨ 구구단 스냅

이 게임에서는 똑같은 카드 세트를 사용하세요.

1. 소수 대신 구구단에 속한 숫자들을 찾는 게임입니다. 시작하기 전에, 단을 고르세요. 예를 들면 구구단 5단을 하겠다는 식으로요.

2. 가령 25처럼 구구단 5단에 해당하는 숫자가 보이면, '25!'라고 먼저 숫자를 외치고, 가운데에 쌓인 더미를 가져옵니다.

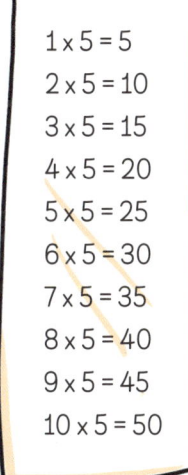

1 x 5 = 5
2 x 5 = 10
3 x 5 = 15
4 x 5 = 20
5 x 5 = 25
6 x 5 = 30
7 x 5 = 35
8 x 5 = 40
9 x 5 = 45
10 x 5 = 50

이렇게도 해 보세요!
너무 쉽다고요? 카드를 100장까지 준비해서 좀 더 어렵게 해 보세요!

⑩ 주사위 결투

당신에게 결투를 청합니다, 주사위 결투를! 이 게임에서는 재빠르게 생각하는 게 중요합니다.

준비물
- 판지 또는 시리얼 상자
- 자
- 마커펜 또는 연필
- 가위
- 주사위 2개
- 편평한 쟁반

게임 준비

① 우선, 판지나 시리얼 상자를 작은 직사각형 모양으로 오려서 카드 두 벌을 만듭니다. 카드 위에 두꺼운 마커펜으로 숫자를 씁니다.

이와 같이 2부터 12까지의 숫자가 적힌 카드 11장이 2개씩 필요합니다.

게임 방법

② 자기 앞에 카드를 놓고 주사위를 하나씩 갖고 게임을 진행합니다.

③ 셋을 세는 동안 게임 참가자인 두 사람은 쟁반 안으로 주사위를 굴립니다(이는 주사위를 한데 모아 어딘가로 굴러떨어지지 않도록 하기 위해서입니다).

④ 두 주사위 숫자를 재빨리 더해서 총합을 냅니다. 예를 들어, 굴려서 2와 5가 나왔다면 합은 7이 됩니다.

⑤ 나란히 늘어놓은 본인의 카드에서 7이 적힌 카드를 재빨리 집어 쟁반에 놓습니다.

⑥ 만약 상대가 먼저 카드를 집어 쟁반에 놓으면, 당신은 카드를 도로 가져와야 합니다.

⑦ 또한 틀린 카드를 집어 쟁반에 놓았을 때도 카드를 다시 가져가야 합니다. 예를 들어 당신이 7이 적힌 카드를 집었는데 상대가 6이 적힌 카드를 집었다면, 당신이 득점하고 카드는 쟁반에 놓으면 됩니다. 당신이 더 늦게 집었다고 해도 말이죠.

명심하세요
게임을 하면서 카드의 수가 점점 줄어들기 시작할 거예요. 만약 이미 7이 적힌 카드를 사용했는데 주사위를 던져 또 7이 나온다면 사용할 카드가 없게 됩니다. 이때 상대가 7이 적힌 카드를 갖고 있다면 그가 사용하겠죠!

⑧ 누군가에게 더 이상 카드가 남아 있지 않을 때까지, 게임은 똑같은 방식으로 진행됩니다. 모든 카드를 먼저 내놓은 쪽이 승자입니다!

게임 속 과학

당신에게 남아 있는 카드가 적을수록 주사위를 굴려 나온 숫자에 맞춰 카드를 낼 기회가 줄어듭니다. 이렇게 되면 끝까지 조마조마하겠네요!

⑪ 나인 멘즈 모리스

'나인 멘즈 모리스Nine Men's Morris 게임'과 함께 고대 로마로 여행을 떠나 볼까요!
로마인들이 사랑했던 이 게임은 여전한 인기를 누리고 있습니다.

게임 준비

❶ 이 게임 보드를 종이나 판지 위에 복사하세요.

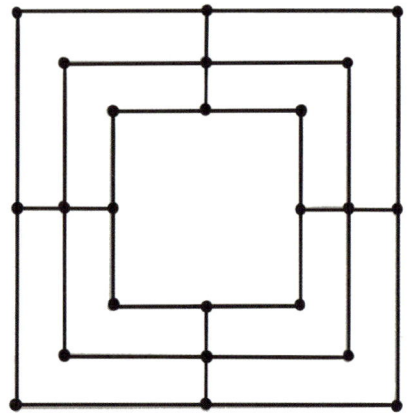

❷ 약간의 게임용 칩이 필요합니다. 검은색 9개와 흰색 9개(이것이 각각 그 '나인 멘'입니다). 판지를 사용해서 만들 수도 있고, 이전 게임에서 사용했던 칩을 사용해도 좋습니다.

게임 방법

❸ 누가 검은색 돌을 잡고 누가 흰색 돌을 잡을 것인지 결정하세요.

❹ 게임 참가자들은 차례로 보드의 점 위에 자신의 돌을 놓으면서 게임을 시작합니다.

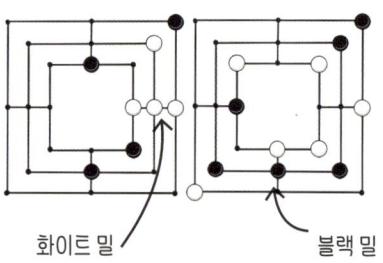

화이트 밀   블랙 밀

3개의 돌을 연속해서 이어지게 하는 것이 관건입니다. 이렇게 이어진 줄을 '밀mill'이라고 부릅니다.

준비물

- 종이 또는 판지
- 마커펜 또는 연필
- 가위
- 흰색 칩 9개
- 검은색 칩 9개

⑤ 밀을 만들 때마다, 상대의 돌을 하나씩 보드에서 제거할 수 있습니다. 다만 제거할 다른 돌들이 있는 한 밀을 이루고 있는 돌들 중에서 가져올 수는 없습니다.

⑥ 두 사람이 자신의 돌을 모두 보드에 놓게 되면 번갈아 자신의 돌을 하나씩 움직입니다. 오직 라인을 따라서, 한 점에서 옆에 비어 있는 점으로만 움직일 수 있습니다(돌을 건너뛰거나 라인 사이를 건널 수 없습니다).

⑦ 더 많은 밀(3개의 선)을 만들려고 생각하면서 수를 두세요. 새로운 밀을 만들 때마다 상대의 돌을 하나씩 가져옵니다.

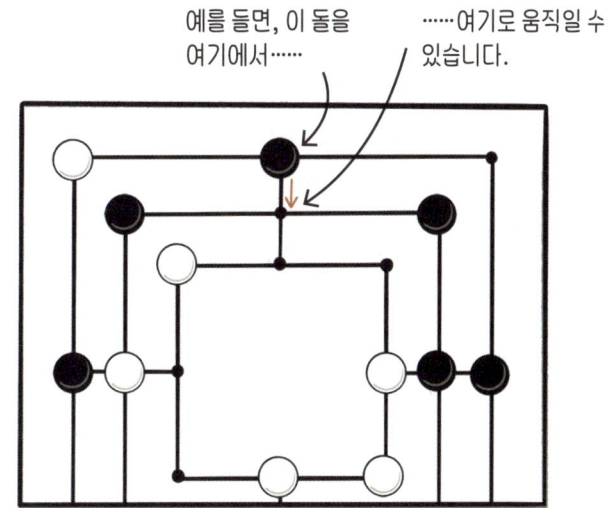

예를 들면, 이 돌을 여기에서……
……여기로 움직일 수 있습니다.

⑧ 둘 중 한 사람이 2개의 돌만 남아 밀을 만들 수 없는 상황이 되거나, 두 사람 모두 더 이상 수를 둘 수 없는 상황이 되면 게임은 종료됩니다. 남아 있는 돌이 많은 사람이 승자입니다.

모리스란 무엇인가요?
이 게임의 이름은 전통 민속 춤인 '모리스 댄스Morris dance'에서 가져왔을 수 있습니다. 아니면 보드에서 말을 움직이는 놀이를 의미하는 라틴어 '머렐러스merellus'에서 따왔을 가능성도 있습니다.

12 반란군과 장군

세계적으로 인기를 얻고 있는 이 게임은 중국에서 시작되었습니다.
한 사람이 장군 역할을 하고 다른 한 사람은 반란군 역할을 맡습니다.

게임 준비

1 여기 반란군과 장군 게임을 위한 보드가 있습니다. 16칸의 격자판과 각각의 칸을 가로지르는 대각선들이 있습니다. 이 보드를 복사할 필요가 있겠네요.

2 반란군을 대신할 흰색 칩 16개와 장군을 대신할 검은색 칩 1개도 필요합니다. 다른 게임에서 쓰는 칩을 사용하거나 판지로 직접 만들어 사용해도 됩니다.

준비물

- 종이 또는 판지
- 마커펜 또는 연필
- 흰색 칩 16개와 검은색 칩 1개 (또는 본인이 선호하는 2가지 색 무엇이든 OK.)

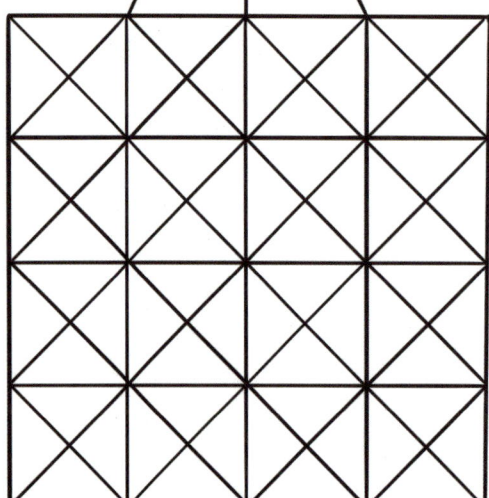

이와 같이 보드 위에 칩을 놓으세요.
윗부분의 삼각형은 장군의 은신처입니다.
오직 장군만 들어갈 수 있습니다.

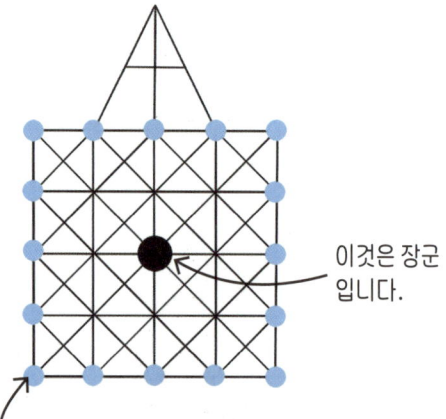

이것은 장군입니다.

반란군은 16개의 칩으로 이루어집니다.

게임 방법

3 게임이 시작되면 교대로 라인을 따라 비어 있는 지점으로 돌을 옮깁니다.

한 번에 한 지점으로만 움직일 수 있습니다. 장군은 오직 하나의 돌만 움직일 수 있지만 상대는 어떤 반란군이든 움직일 수 있습니다.

4 만약 당신이 반란군이라면 장군을 둘러싸고 안에 가두는 것이 관건입니다. 장군이 꼼짝할 수 없도록 말이죠.

칩으로 장군을 둘러싸거나 보드의 가장자리에 가둘 수 있습니다.

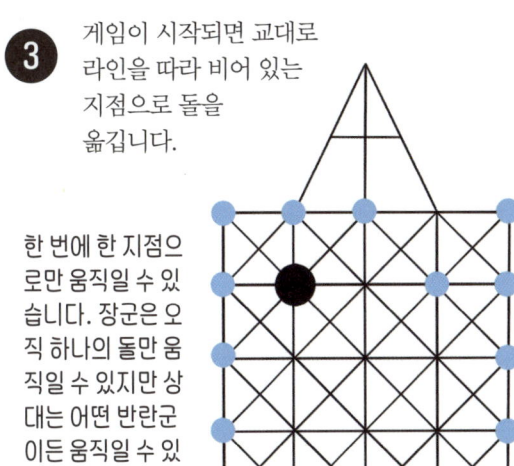

5 장군은 이와 같이 자신과 일직선을 형성하고 있는 두 반란군 사이에서 움직이면서 반란군을 잡습니다.

장군은 두 반란군 사이를 움직입니다.

그렇게 두 반란군을 잡아 보드에서 제거합니다.

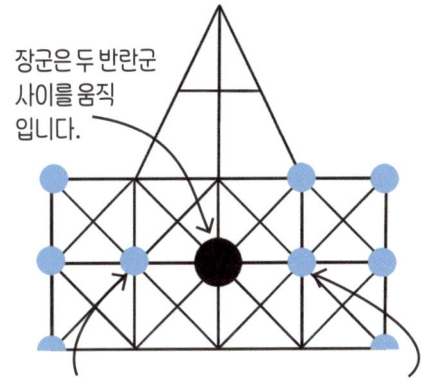

6 만약 당신이 장군이라면 두 가지 방법으로 이길 수 있습니다.

둘 중 한 가지 방법은
- 은신처에 있는 삼각형의 포인트로 달아나는 것입니다. 그렇지만 반란군이 삼각형 아래에 있는 세 지점을 차지해서 당신을 가둘 수 있다면 반란군이 승리합니다.
또는
- 당신을 가둘 수 없도록 많은 반란군을 잡는 것입니다.

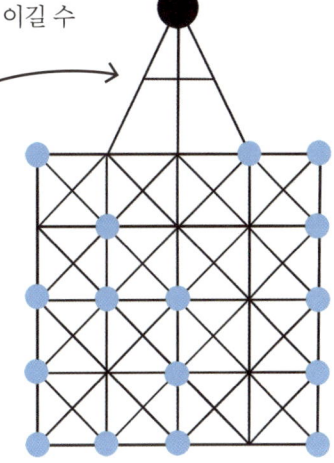

게임 속 과학

장군이 오직 하나의 돌만 갖기 때문에 매우 불리하다고 생각할지 모르지만, 장군에게는 잡을 수 있는 능력이 있어서 승리할 가능성이 충분합니다. 게임을 하면서 어떤 일이 벌어지는지 잘 지켜보세요!

13 기회의 주사위

주사위는 온갖 종류의 게임에 필수적이죠.
우리도 주사위를 이용해 기발한 수학 게임 몇 가지를 해 볼 거예요.
여기, 바로 시작할 수 있을 만큼 매우 간단한(그러나 상당히 교묘한!)
주사위 게임을 소개합니다.

게임 방법

1 주사위를 던지고 또 던지면서, 던질 때마다 나온 숫자를 쓰고 더해 가능한 한 높은 점수를 얻으면 됩니다.

준비물
- 주사위
- 종이
- 펜
- 타이머

예를 들어, 다음과 같이 연속적으로 던졌다고 합시다.

4	합계 : 4점
3	합계 : 7점
5	합계 : 12점
2	합계 : 14점
3	합계 : 17점

…… 기타 등등

이 게임은 혼자 해도 되고 친구와 시합을 해도 좋아요.

그러나 꼭 명심할 것이 있어요!

2 주사위를 던져서 1이 나오면, 그동안 합한 점수를 무효로 하고 처음부터 다시 시작해야 해요.

4	합계 : 4점
3	합계 : 7점
5	합계 : 12점
2	합계 : 14점
3	합계 : 17점
1	

점수가 높아질수록 지키기가 더욱 어려워 지겠죠.

시간과의 경쟁

이제 점점 더 어려워집니다!

③ 시간 제한 방식으로 하려면 타이머를 3분으로 설정하고 진행하세요!

④ 시간이 다 되었을 때 그 순간까지 득점한 숫자를 더한 것이 바로 본인의 점수예요. 여러분은 28과 같이 적당한 점수에 만족할 건가요? 아니면 기회를 잡아 다시 조금씩 점수를 올리고 싶은가요?

⑤ 여러 사람과 시합을 할 때는 모든 게임 참가자들이 타이머를 설정하는 동시에 게임을 시작합니다. 한 사람은 주사위를 굴리고 다른 사람은 득점기록원이 되는 식으로죠. 두 사람이 팀을 이뤄 진행할 수도 있어요. 개인 또는 팀은 주사위와 펜 그리고 종이 몇 장을 개별적으로 갖고 있어야 합니다.

이만큼이나 높아!

게임 속 과학

이 게임은 '주사위를 굴려서 1이 나올 확률이 얼마나 되는가' 하는 일종의 확률 게임입니다. 주사위를 굴릴 때마다 6분의 1의 가능성이 있습니다. 이 말은 매우 운이 좋지 않은 한, 25 이상 점수를 쌓기가 어렵다는 의미입니다. 한번 직접 해 보세요!

⑥ 타이머가 울리면 그때까지 가장 높은 점수를 득점한 개인 또는 팀이 승자입니다!

14 수열의 비밀을 풀어라

이 게임의 규칙은 간단합니다. 연속적으로 놓인 숫자에서 일정한 패턴을 찾아내는 거예요. 우선 여기에 나온 문제들을 해결한 다음, 직접 문제를 만들어 친구들에게도 내 보세요.

1부터 소리 내어 세기 시작하세요. 당장이요!

아직도 세고 있나요?
뭐라고 말했나요?

이렇게 말했겠죠.
1, 2, 3, 4, 5, 6, 7, 8, 9, 10…… 등등? 그랬기를 바랍니다!

이것은 숫자들을 순서대로 나열한 일종의 수열입니다.
이런 경우, 기본적인 정수 수열이라고 하는데, 집 번지수와 같이 일상적으로 사용하는 것들이죠. 집 번지수는 어렸을 때부터 쭉 알고 있었기 때문에 너무나 익숙합니다.
그러나 다른 수열들도 있어요.

게임 방법

시험 삼아 아래와 같은 수열 퍼즐들을 풀어 보세요. 쉬운 것부터 풀고 나서 점점 어려운 문제를 시도합시다! 각 문제마다, 숫자가 배열된 방식을 알아낸 후, 이어질 숫자들을 채워 넣으면 됩니다.

한 가지 예를 들어 볼까요?

| 1 | 3 | 5 | 7 | 9 |

알아냈나요? 매번 2를 더해가기만 하면 됩니다. 그렇다면 다음에 올 숫자들은 11과 13이 되겠네요.

또 다른 예를 볼까요?

| 8 | 11 | 14 | 17 | 20 |

이 수열에서는, 매번 3을 더하면 됩니다.
답은 23과 26입니다.

조금 더 어려운 문제로 가 볼까요?

이제 직접 풀어 보세요(책 뒤쪽에 정답이 나와 있어요)!

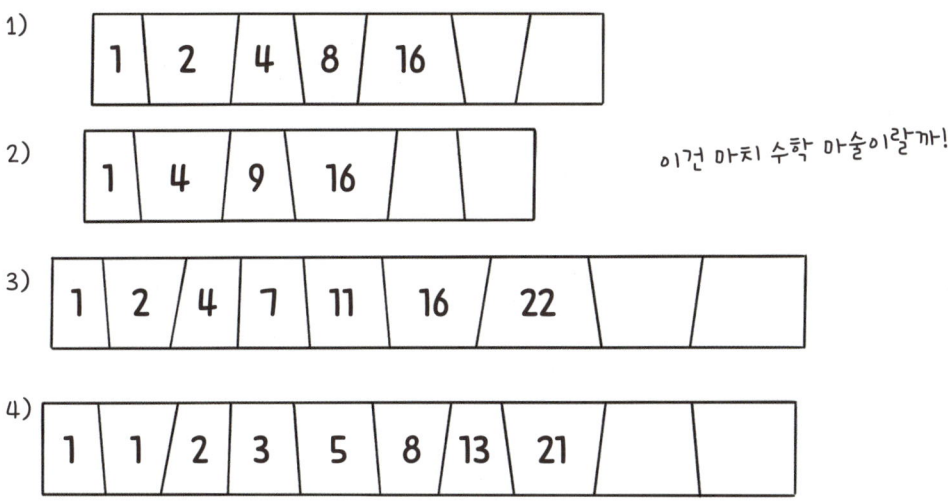

이건 마치 수학 마술이랄까!

문제를 직접 만들어 보세요!

이제 원리를 알았으니 숫자들을 교묘하게 배열해서 다른 사람에게 문제를 내 보세요. 몇 가지 요령을 알려 드릴게요.

- 더 많아지는 숫자가 아닌 더 적어지는 숫자 배열
- 더하기가 아닌 곱하기를 활용한 숫자 배열
- 분수나 소수를 활용한 숫자 배열

게임 속 과학

이와 같은 수열은 수천 가지이며, 수학자들은 이러한 수열을 가지고 놀면서 새로운 수열들을 만들어낸답니다.

각 수열마다 '2를 더함' 또는 '앞의 수보다 1씩 많아짐'과 같은 규칙이 있어요. 규칙이 무엇인지 알아내기만 하면 다음에 올 숫자를 예측하는 데 적용할 수 있습니다.

15 박테리아 붐

박테리아는 하나의 세포로만 이루어진 작은 생물입니다. 질병을 일으키는 세균들도 있지만, 무해하거나 심지어 유익한 세균들도 있어요. 그러나 여기서 중요한 것은 박테리아들이 어떻게 증식하느냐 하는 점입니다!

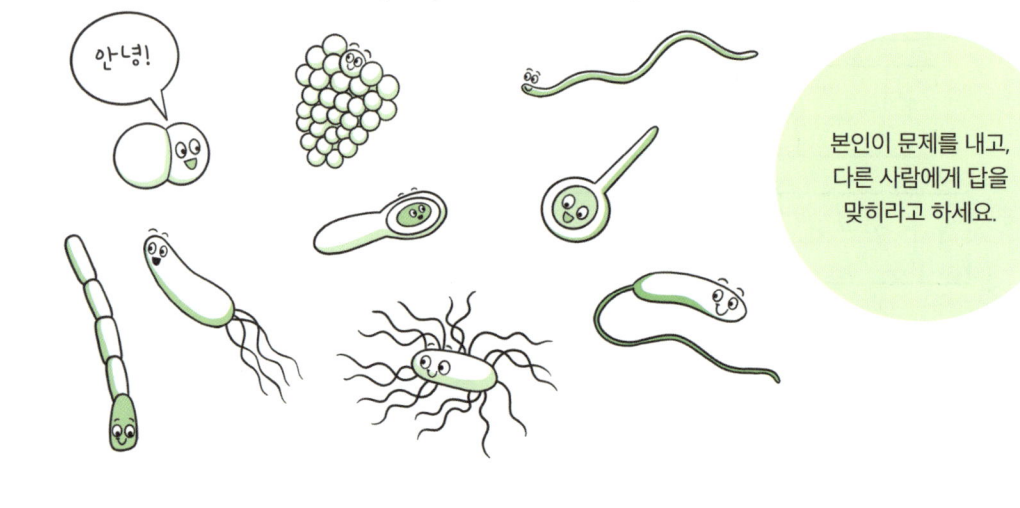

본인이 문제를 내고, 다른 사람에게 답을 맞히라고 하세요.

1 박테리아는 알을 낳거나 새끼를 낳지 않습니다. 대신 박테리아는 둘로 나뉘어 더 많은 박테리아를 만들지요.

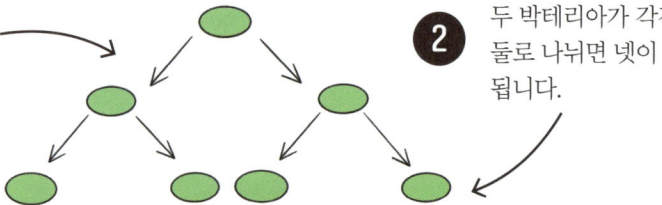

2 두 박테리아가 각각 둘로 나뉘면 넷이 됩니다.

3 박테리아가 하루에 한 번 이렇게 분열했다고 상상해 보세요. 익숙해 보이나요? 아마 이전 페이지에 나온 수열의 하나라고 생각할지도 모르겠네요. 용케도 알아채셨군요!

1일째, 이렇게 되겠죠	●
2일째, 이렇게 되겠죠	● ●
3일째, 이렇게 되겠죠	● ● ● ●
4일째, 이렇게 되겠죠	● ● ● ● ● ● ● ●
5일째, 이렇게 되겠죠	● ● ● ● ● ● ● ● ● ● ● ● ● ● ● ●

그대로 두면, 결국 박테리아는 백만 마리 이상이 될 거예요!

4 그래서 문제는…… 과연 언제쯤 그렇게 될 거라고 생각하나요? 첫째 날에 박테리아가 한 마리 있었다면 백만(1,000,000) 마리가 넘어갈 때는 과연 며칠째일까요?

100일째?
365일(꼬박 1년)째?
아니면 금방?

날짜를 추측한 다음, 계산기를 사용해 확인해 보세요.

언제 백만 마리가 넘는지 알고 있나요?
답을 알면 깜짝 놀랄걸요!

1일째	1
2일째	1×2=2
3일째	2×2=4
4일째	4×2=8
5일째	8×2=16
6일째	16×2=32
7일째	32×2=64
8일째	64×2=128
9일째	……

게임 속 과학

보다시피 매일 숫자가 배로 늘어나면 처음에는 천천히 늘어나다가 곧 증가 속도가 매우 빨라지게 돼요! 사실, 21일째에 백만이 넘게 되거든요. 그리고 겨우 열흘 후인 31일째에는 무려 10억(1,000,000,000)이 넘습니다.
수가 계속해서 2배로 늘어나는 이러한 종류의 성장을 수학에서는 기하급수적 증가라고 부른답니다.

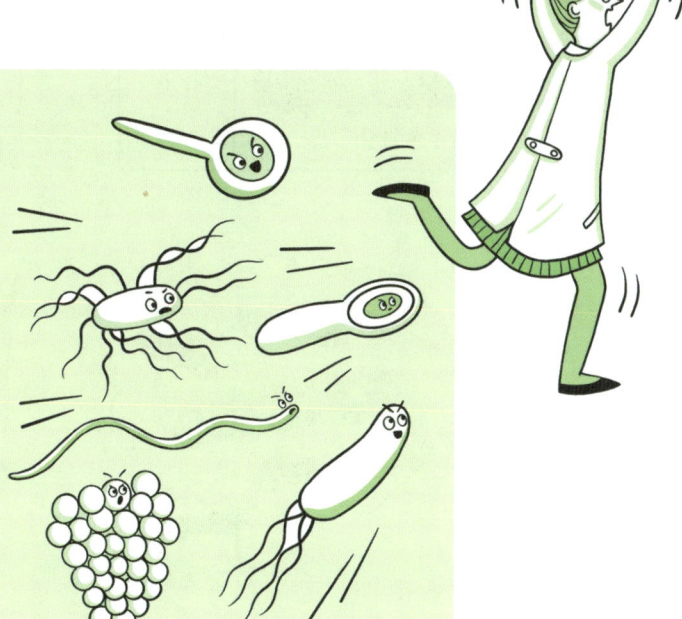

16 자동차 점수 매기기

차를 타고 여행하면서 약간 지루해질 때 하기 좋은 게임입니다.
혼자 길을 걷거나 그저 창밖을 바라보고 있을 때도 할 수 있어요.

게임 방법

1 도로 위를 달리는 온갖 종류의 빨간색 차에 각각 고유한 점수를 부여합니다. 자신만의 득점 시스템을 만들거나 다음과 같은 시스템을 활용해도 좋아요.

	승용차	1점
	오토바이	2점
	승합차	3점
	트럭	4점
	자동차 수송 차량	10점

혼자서도, 두 사람 이상도 할 수 있어요 (그러나 운전하는 사람은 운전에 집중해야 해요!).

준비물
- 당신의 눈과 두뇌만 있으면 돼요!

2 빨간색 차량을 발견할 때마다 머릿속으로 점수를 더하세요. 목적지에 도착할 때까지 목표 점수에 도달했는지 또는 얼마나 높은 점수를 획득했는지 확인하면 됩니다.

3 두 사람 이상이라면 같이 해 보거나 서로 시합을 할 수도 있습니다. 여럿이 하려면 각자 빨간색, 파란색, 하얀색 등 어떤 색으로 할 것인지 정해야겠죠.

4 각자 자신이 정한 차량만을 찾아 자기 점수에 추가합니다.

가장 높은 점수를 획득한 사람이 승자입니다!

이 게임은 간단하지만, 암산 능력(그러니까 머릿속으로 계산하는 능력!)을 향상시키는 훌륭한 방법이에요.

어떤 종류의 차량이 다른 종류의 차량보다 훨씬 더 흔하다는 것도 알게 될 겁니다. 왜 그렇다고 생각하나요?

이렇게도 해 보세요!
이와 유사한 게임을 직접 만들 수도 있어요. 시골길을 걸을 때는 식물이나 나무의 종류를, 바닷가에서는 조약돌이나 조개껍데기의 종류를 찾는 식으로 말이죠.

17 눈대중으로 치수 찾기

보물찾기 못지않게 재미있는 치수 찾기 게임을 시작해 볼까요?

혼자서도 할 수 있고 둘이서 혹은 팀을 이뤄 할 수도 있어요.

준비물
- 커다란 판지 또는 끈
- 자 또는 줄자
- 연필
- 가위

게임 방법

1. 판지나 끈을 1m 길이로 잰 다음 자르세요.

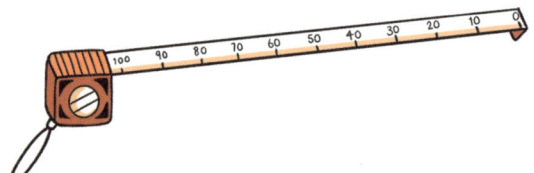

2. 이제 사냥을 시작하세요! 각 개인이나 팀은, 합하면 총 길이가 1m가 되거나 최대한 1m 가까이 될 만한 물건들을 모으세요. 이때 물건들의 치수를 재면 안 되고 추측만 해야 합니다.

15cm 자와 같이, 다른 물건을 재는 도구는 사용할 수 없어요. 명백한 반칙입니다!

3. 여러 물건을 일렬로 늘어놓아 1m 길이를 맞춘 후, 누구의 줄이 가장 1m에 가까운지 보세요.

게임 속 과학

길이를 정확히 추측하기란 매우 어렵습니다만, 이 게임을 몇 번 해 보면 훨씬 숙달되어 있을 거예요.

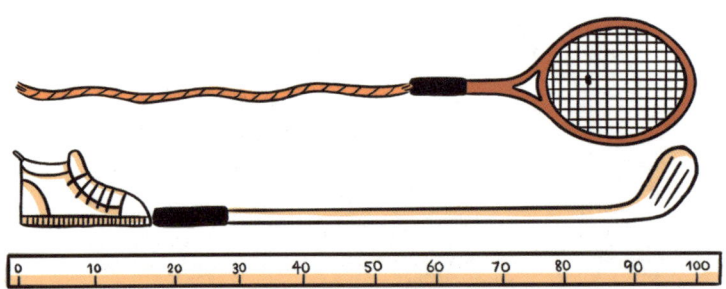

18 스무트 게임

1958년, 몇 명의 학생들이 미국 매사추세츠주에 있는 하버드 브리지를 측정하기로 했습니다. 다만 피트나 미터 대신 그들의 친구인 올리버 스무트Oliver Smoot를 사용해서 말이죠!

스무트가 누워 있으면 다른 학생들은 스무트의 길이를 표시했습니다. 이런 행위를 반복하면서 다리 끝에 도착했어요. 다리의 길이는 364.4 스무트였습니다!

지금까지도, 당시 올리버 스무트의 키였던 170cm (5피트 7인치)가 1스무트로 알려져 있답니다.

게임 방법

1. 스무트 게임을 하기 위해서는 물건(또는 사람도 괜찮아요, 참가자만 개의치 않는다면!)을 하나 골라야 합니다. 그리고 방의 길이 같은 특정한 거리 내에 그 물건이 얼마나 많이 들어가는지 추측합니다.

2. 추측한 길이를 적은 다음, 고른 물건을 사용해 특정한 길이를 잰 후 자신이 추측한 길이가 이와 얼마나 근접한지 비교합니다!

1루스 이모

19 2진수 레이스

2진수 또는 2진법은 셈 방식입니다.
아무리 큰 숫자라도 모든 숫자들은 0과 1의 연속으로 나타낼 수 있답니다.

우리는 대개 10개의 기호가 있는 10진수를 사용함.

| 0 | 1 | 2 | 3 | 4 | 5 | 6 | 7 | 8 | 9 |

← 10진법

그러나 2진수는 단 두 개의 기호가 있음.

| 0 | 1 |

← 2진법

10진법에서는 0에서 9까지의 숫자를 사용한 다음, 두 자릿수를 이용해 10부터 다시 시작합니다.

예를 들어 11의 의미는 이렇습니다.

11	
10	1
⋮⋮	·
10이 1개	1이 1개
1	1

10진법에서 앞 자릿수는 뒤 자릿수보다 10배가 큽니다.

| 1,000 | 100 | 10 | 1 |

2진법에서는 0과 1만을 사용합니다. 숫자 2를 나타내기 위해서는 두 자릿수를 사용해서 다시 시작합니다.

11	
2	1
··	·
2가 1개	1이 1개
1	1

2진법에서 앞 자릿수는 뒤 자릿수보다 오직 두 배가 큽니다.

| 8 | 4 | 2 | 1 |

어떤 숫자를 2진수로 바꾸려면 이러한 자릿수들에 맞춰 숫자를 나눠야 합니다. 예를 들면……

5를 2진수로 바꾸면

5	8	4	2	1	
		··· ·	·	·	
		4가 1개	2가 0개	1이 1개	
		1	0	1	또는 101

14를 2진수로 바꾸면

14	8	4	2	1	
	········	····	··		
	8이 1개	4가 1개	2가 1개	1이 0개	
	1	1	1	0	또는 1110

게임 방법

1 다음과 같이 2진법의 자릿수를 종이 맨 위에 나란히 적습니다.

16	8	4	2	1

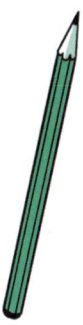

준비물
- 작은 동전이나 칩 30개
- 펜 또는 연필
- 종이

2 게임 참가자들은 30 이하의 어떤 숫자든 고르세요. 각자 고른 숫자만큼 칩을 가져옵니다.

3 그런 다음, 셋을 세는 동안 칩을 각 자릿수에 맞게 나누세요.

↓

칩이 충분하다면 16자리 칸에 16개를 놓습니다. 남은 칩이 충분하다면 8자리 칸에 8개를 놓습니다. 충분하지 않다면 4자리 칸으로 옮기는 식입니다.

혼자 해도 좋고 다른 사람들과 시합을 벌일 수도 있어요.

4 가지고 있던 동전을 모두 사용했다면 각 칸에 1과 0을 씁니다. 예를 들어, 고른 숫자가 21이었다면 아래와 같습니다.

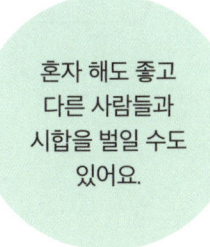

16	8	4	2	1
●●●●●●●●●●●●●●●●		●●●●		●
1	0	1	0	1

따라서 10진법에서 21은 2진법에서 10101과 같습니다! 먼저 정답을 맞힌 사람이 1점을 획득합니다.

⑳ 2진법 뒤집기

일단 2진법에 익숙해지면 빠른 속도로 2진법 뒤집기를 해 보세요!

게임 방법

① 각 게임 참가자는 판지(또는 판지 상자)를 오려 직사각형 다섯 개를 만드세요.

> **준비물**
> • 판지 • 펜 • 가위

② 이제 다음과 같이 카드에 점을 찍어주세요.

③ 다섯 자리의 2진수를 가능한 한 빨리 10진수로 바꾸는 게임입니다.

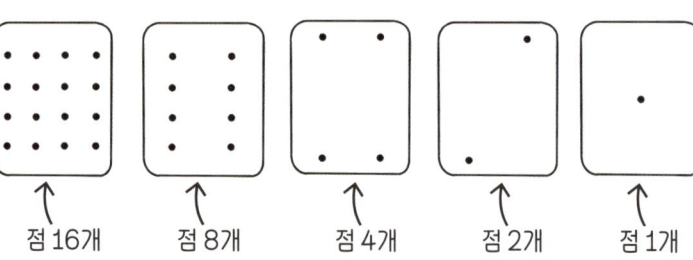

④ 게임 진행을 위해서 앞에 순서대로 놓인 카드가 모두 앞면을 향하도록 둡니다.

| 10101 | 11101 | 01010 | 11011 | 11111 |
| 10100 | 01101 | 11001 | 00101 | 00011 |

↙ 사용할 2진수의 목록은 이렇습니다.

⑤ 2진수 목록에 있는 0과 1을 다섯 개의 카드에 맞춥니다. 0에 해당하는 카드는 모두 뒤집습니다. 예를 들어 2진수 10101의 경우, 이와 같이 두 개의 카드가 뒤집힐 것입니다.

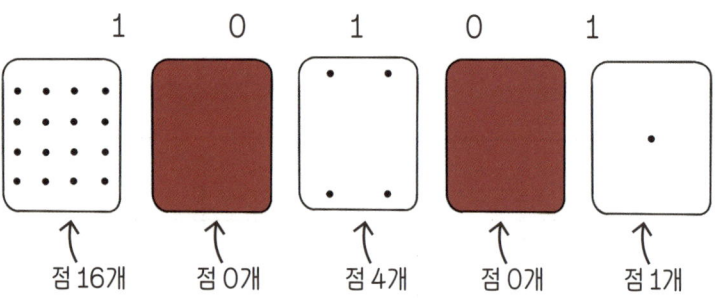

⑥ 이제 점의 수를 모두 더하면 10진법에 해당하는 정답이 나옵니다.

16 + 4 + 1 = 21

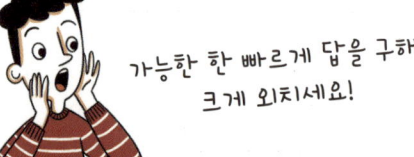

가능한 한 빠르게 답을 구해 크게 외치세요!

㉑ 2진법 암호

컴퓨터는 2진법으로 계산합니다. 전류의 흐름을 잇거나 끊는 식으로 전환시키면서 작동하거든요. 전류가 이어지는 것은 1을, 전류가 끊어지는 것은 0을 나타냅니다!

2진법 컴퓨터 코드를 사용해서 친구에게 비밀 메시지를 보내 보세요.

❶ 컴퓨터는 여덟 자리의 2진수를 사용하거나 '아스키(ASCII)' 수를 사용해서 알파벳을 나타냅니다. 다음과 같이 말이죠!

A:	01000001	K:	01001011	U:	01010101
B:	01000010	L:	01001100	V:	01010110
C:	01000011	M:	01001101	W:	01010111
D:	01000100	N:	01001110	X:	01011000
E:	01000101	O:	01001111	Y:	01011001
F:	01000110	P:	01010000	Z:	01011010
G:	01000111	Q:	01010001		
H:	01001000	R:	01010010		
I:	01001001	S:	01010011		
J:	01001010	T:	01010100		

❷ 각 문자에 해당하는 2진법 코드를 사용해서 암호화된 메시지를 쓰세요.

❸ 모든 암호를 띄어쓰기 없이 한 줄로 길게 쓰는 겁니다.

01010010010001010100111001000100010000110100111101001111101000100

❹ 메시지를 해독하려면, 메시지를 받은 친구가 이어진 숫자를 8개씩 끊은 다음, 거기에 해당하는 알파벳을 목록에서 찾아야 합니다!

01010010 / 01000101 /
01001110 / 01000100 /
01000110 / 01001111 /
01001111 / 01000100

스파이가 중간에 가로채더라도 0과 1이 뒤죽박죽된 모습만을 보게 되겠죠!

*01010010 = S / 01000101 = E /
01001110 = N / 01000100 = D /
01000110 = F / 01001111 = O /
01001111 = O / 01000100 = D*

22 파이 챌린지

파이는 수학에서 중요합니다만 약간 희한한 숫자이기도 합니다.

파이는 2나 4 또는 5와 같은 '정수'가 아닙니다. 3과 4 사이의 어딘가에 해당합니다. 더 놀라운 사실은 절대 끝나지 않는다는 점이죠.

파이는 무엇일까요?

파이는 단순한 계산에서 유래합니다. 원의 둘레(원의 길이)를 지름(원의 중앙을 가로지르는 길이)으로 나누었거든요.

파이를 써보면 이와 같이 나열됩니다.

3.1415926535897932384626433832795028841971693993751 05

수학자들은 파이를 다음과 같은 기호인 π로 나타내기도 해요.
π

1 자신만의 문장을 만들어, 파이를 구성하는 숫자들을 가능한 한 많이 외우는 것이 도전과제입니다. 문장을 이루는 각 단어는 외우려는 숫자와 똑같은 수의 알파벳으로 되어 있어야 합니다.

2 여기 첫 부분 10자리의 수가 있습니다. 여러분은 이것을 문장으로 바꿀 수 있나요?

3.141592653

문장이 기이할수록 기억하기가 쉬워집니다. 한 가지 예를 들어볼게요!

Dad,	I	drew	a	green	chameleon	on	Mabel's	magic	hat!
3.	1	4	1	5	9	2	6	5	3

* 영어 문장이 쉽지 않다면 우리말 글자 수로 도전해 보세요.

3 여러분은 이보다 더 나은 문장을 만들어 낼 수 있나요? 파이의 숫자를 얼마나 많이 외울 수 있는지 알아보거나 시합을 해 보세요.

23 파이 끈

이 게임을 하기 위해서는 끈, 가위, 둥근 물건 그리고 파이가 필요해요!

친구나 가족들과 교대로 진행하면서, 누가 가장 근접하는지 보세요.

① 속이 깊은 그릇이나 팬 또는 통조림 캔과 같이 둥근 물건을 가져오세요.

② 물건의 둘레를 완벽하게 감쌀 끈을 하나 자릅니다. 자로 재지 말고요!

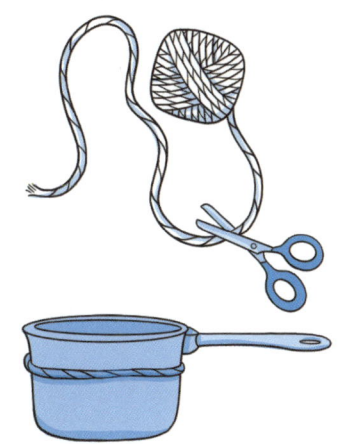

9 4 4 5 9 2 3 0 7 8 1 6 4 0 6 2 8 6 2 0 8 9 9 8 6 2 8 0 3 4 8 2 5 3 4 2 1 1 7 0 6 7 9 8 2 1 4 8 0 8 6 5

③ 물건의 너비 또는 지름을 보고 물건의 둘레를 추측한 다음, 끈을 대략 3.14배 되는 길이로 자릅니다. 길이가 얼마나 비슷한가요?

거의 비슷해!

49

24 격자 고리 만들기

고리 게임은 종이로 할 수 있는 수학 게임입니다.
규칙은 간단하지만 막상 풀면 정신이 없을 거예요!

게임 방법

1 종이 위에 숫자 0, 1, 2, 3과 그 주변의 점으로 격자판을 만들면서 게임을 시작합니다.

매우 간단하고 쉬운 예를 들어 게임 방식을 알려드릴게요.

3	2
2	3

준비물
- 그래프용지
- 펜 또는 연필

2 격자판의 선을 따라 그려진 고리를 만들며 퍼즐을 풀어야 합니다. 각 숫자는 각 칸의 면을 몇 개나 이어야 하는지를 나타냅니다.

위의 퍼즐에 대한 해답입니다.

이것이 당신이 만든 고리예요.
'3'번 칸은 3개의 면에 라인을 그립니다.
'2'번 칸은 2개의 면에 라인을 그립니다.

3 잘 이해했으니 다음 퍼즐을 풀어볼까요.

```
    .  .  .  .  .  .
    .     .  3  .  .
    .  3  0     1  .
    .  3  2        .
    .     2  2     .
    .  .  .  .  .  .
```

```
.  .  .  .  .  .  .
.  3     2           .
.  0     1  1  2  .
.     3  0  0  2  .
.                       .
.  0        0  2  .
.     3     2  2  .
.  .  .  .  .  .  .
```

```
.  .  .  .  .  .  .  .
.        2           .
.  2  3     0  3  .
.        3  1  1     .
.  1           3  1  .
.  2  0        2     .
.                 1  1  .
.  .  .  .  .  .  .  .
```

그래프용지 위에 자신만의 고리 퍼즐을 만들어 친구나 가족에게 문제를 내 보세요.

25 가방 만들기

수학이 여러분의 가방이라고요? 고리 게임과 마찬가지로 격자판 위에서 진행합니다.

1 이번에는, 모든 숫자 주변에 고리 또는 '가방'을 그립니다. 숫자는 그 주변에 있는 칸의 수를 보여 줍니다. 숫자가 있는 칸과 위, 아래, 왼쪽, 오른쪽에 있는 칸을 포함합니다.

쉬운 예를 보여드릴게요.

해답은 이렇습니다!

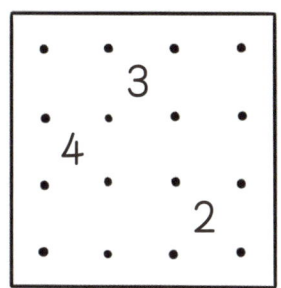
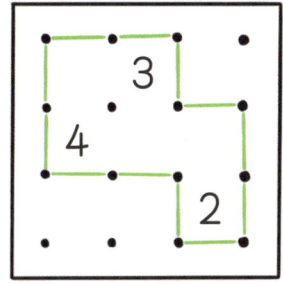

숫자 3은 3칸을 갖습니다. 자신이 있는 칸, 자신의 아래 칸, 자신의 왼쪽 칸.
숫자 4는 자신이 있는 칸, 그 위의 칸, 오른쪽에 있는 2칸.
숫자 2는 자신이 있는 칸과 그 위의 칸.

풀었다!

2 좀 더 해 볼까요?

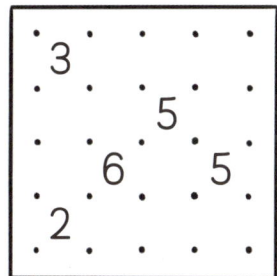
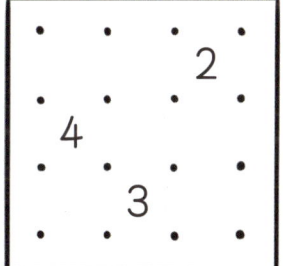

26 가쿠로

만약 수학을 좋아하고 낱말 맞히기도 즐겨한다면, 틀림없이 '가쿠로'도 좋아할 거예요!
낱말 맞히기처럼 격자판에서 하는 일본식 퍼즐 게임이거든요.
다만 문자 대신 숫자가 들어간답니다.

게임 방법

1 다른 많은 격자 게임과 마찬가지로 가쿠로 게임 역시 어떤 크기로 하든 상관없습니다. 대개 가로세로 8칸씩 되어 있거나 조금 더 칸이 많은 격자판 위에서 진행되는 경우가 흔하지만 더 적은 칸으로 해도 괜찮아요. 우선 미니 가쿠로 게임부터 시작해 볼까요.

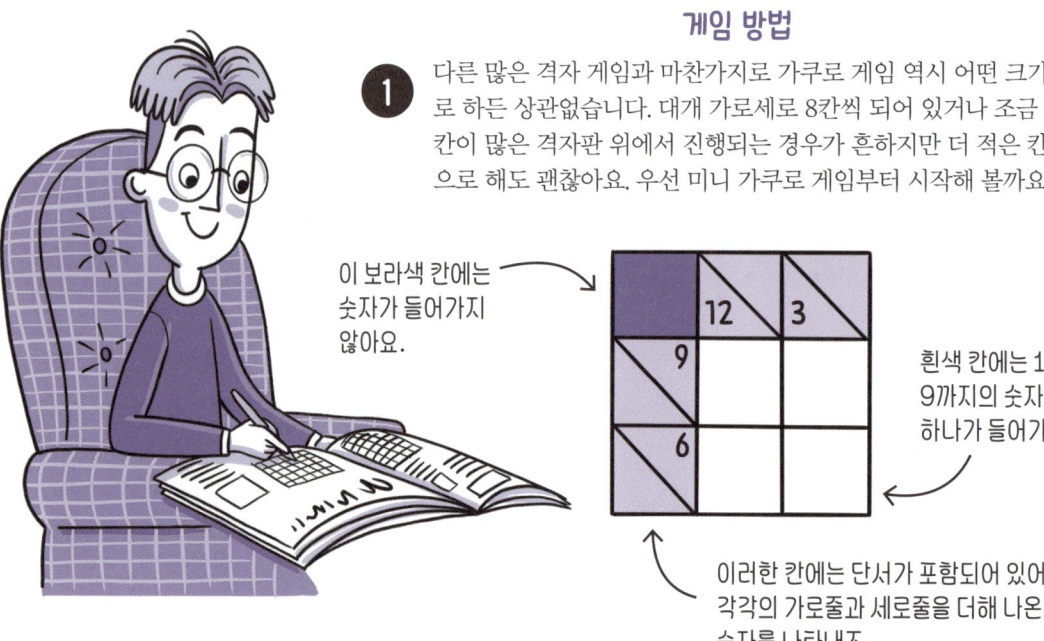

이 보라색 칸에는 숫자가 들어가지 않아요.

흰색 칸에는 1부터 9까지의 숫자 중 하나가 들어가요.

이러한 칸에는 단서가 포함되어 있어요. 각각의 가로줄과 세로줄을 더해 나온 숫자를 나타내죠.

예를 들어, 여기 12는 그 아래 세로줄을 더해서 나온 숫자를 의미해요.

이것은 나올 만한 여러 해답 중 하나입니다. 당연히 다른 정답도 가능해요. 알아낼 수 있나요?

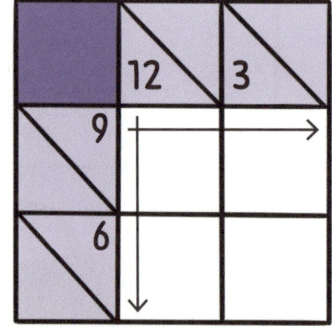

그리고 여기 9는 그 옆의 가로줄을 더해 나온 9를 뜻하고⋯⋯ 그런 식입니다.

52

② 어떻게 하는지 알았으니 다음의 기발한 가쿠로 문제들을 풀어 보세요!

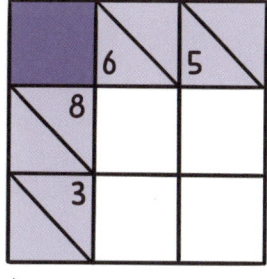

A

B

C

D

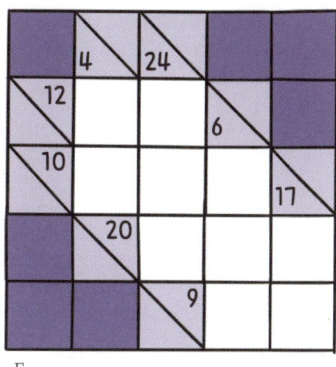

E

게임 속 과학

가쿠로는 가로, 세로, 대각선 위에 놓인 숫자들의 합이 전부 같은 '마방진'과 비슷합니다. 마방진은 고대 전설에 등장하는, 수학에 있어서는 이미 잘 알려진 아이디어라고 할 수 있습니다.

고대 중국 전설에 의하면 등에 마방진이 새겨진 거북이가 강에서 나왔다고 합니다.

3장

신기한 도형 게임

27 모자이크 타일

'모자이크 타일'은 작은 조각을 타일처럼 사용해 다음과 같이 한 공간을 빈틈없이 채워 나가는 것을 의미합니다!

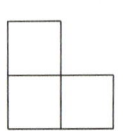 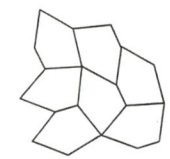  

게임 방법

1 다음의 모양들을 살펴보세요. 어떤 모양이 모자이크식으로 배열이 가능하고 어떤 모양이 불가능한지 구별할 수 있나요?

여러분 혼자서 해 보거나 친구와 시합을 해도 좋아요!

 정삼각형

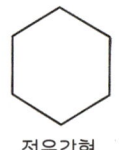 정육각형

별 모양

 넓은 H

화살표

 풍선 모양

시험하기!

2 종이에 여러분이 생각한 답을 쓰세요. 친구와 시합 한다면, 각자의 종이를 사용하세요.

 훔쳐보기 금지!

3 판지에 각각의 모양을 따라 그리거나 조심스럽게 복사한 다음 모양대로 오려 주세요(시리얼 상자도 가능해요). 모양이 모자이크식으로 되는지 알아보려면 종이 위에 그것을 대고 그린 다음 몇 개 더 그려서 모양을 함께 맞출 수 있는지 살펴보세요(잘 되지 않는다면 다시 하면 됩니다).

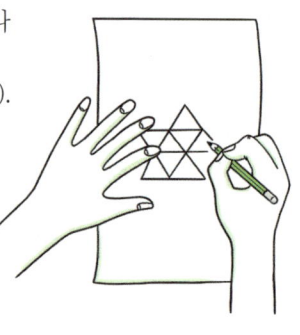

28 두 가지 모양 패턴 만들기

때로는 두 개의 다른 모양을 함께 맞춰 모자이크 패턴을 만들 수도 있습니다.

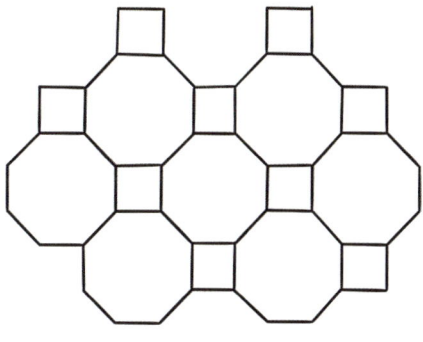

게임 방법

어떤 두 개의 모양이 함께 어울려 모자이크 패턴이 될지 알아내는 게임입니다.

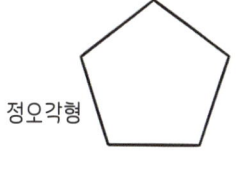
정오각형

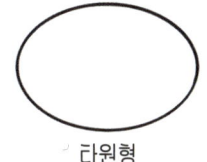
타원형

마름모꼴

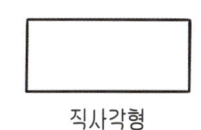
직사각형

다이아몬드

먼저 추측한 다음, 모양들을 복사해서 문제를 해결할 수 있는지 보세요!

이렇게도 해 보세요!
자신만의 새로운 모자이크식 모양을 만들면 어떨까요?

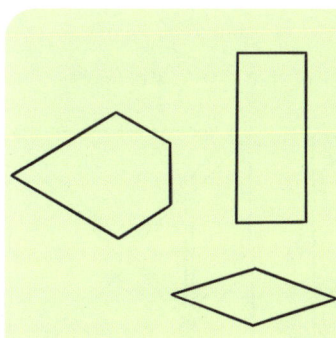

게임 속 과학

모자이크식으로 만드는 데는 각이 중요합니다. 아무리 이상한 모양이어도 그리고 그것들을 어떻게 배열하든 서로 아귀가 들어맞는 각도여야 합니다.

29 탱그램

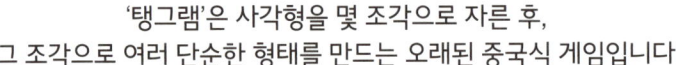
'탱그램'은 사각형을 몇 조각으로 자른 후,
그 조각으로 여러 단순한 형태를 만드는 오래된 중국식 게임입니다.

혼자서 하거나 다른 사람들과 시합을 해도 좋아요(각자 자신의 준비물이 필요합니다).

준비물

- 판지 또는 펠트지
- 자
- 마커펜 또는 연필
- 가위

게임 준비

1 자를 이용해서 판지나 펠트지에 가로세로 10cm의 사각형을 그리세요.

2 사각형에 이와 같이 X자 형태로 선을 그으세요.

이 선은 반 정도에서 멈추세요.

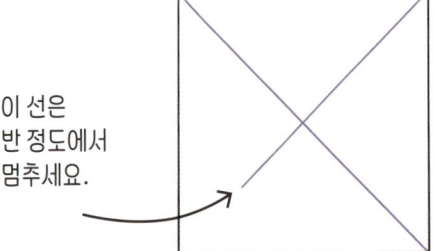

3 이 그림에서 보이듯 일부 선들은 중간 지점을 잰 후 표시하세요.

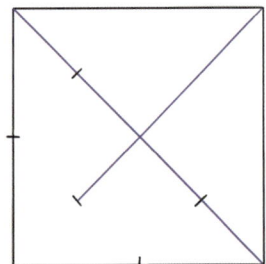

4 표시 지점을 연결해서 이와 같은 패턴의 모양을 만드세요.

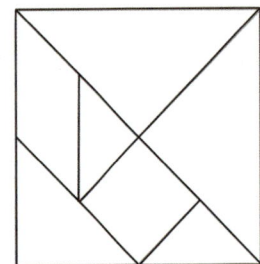

5 탱그램을 잘라 여러 조각으로 분리하세요.

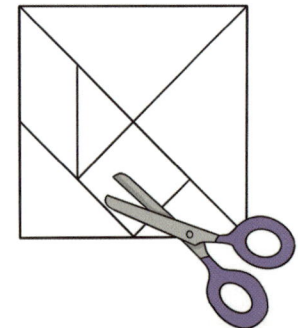

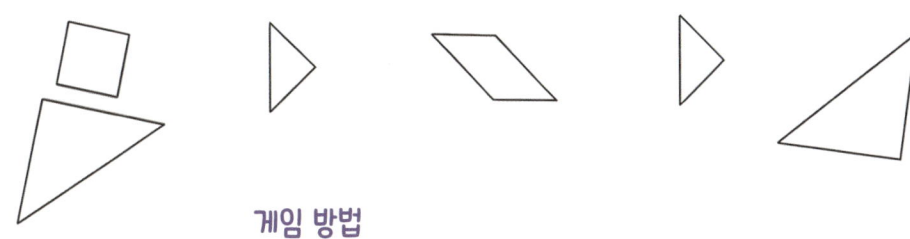

게임 방법

6 적절한 위치에 조각을 배치해서, 윤곽선만으로 알아볼 수 있는 형태를 만들어 탱그램 퍼즐을 풀어보세요. 다음 몇 가지 예를 시도해 볼까요?

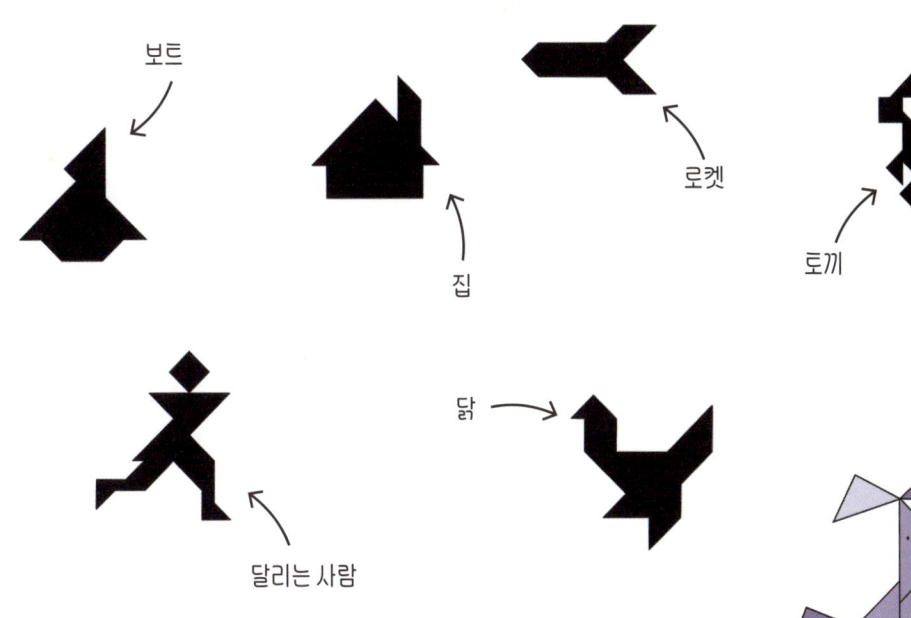

나만의 탱그램 만들기

이제 자신만의 탱그램을 만들어 보세요! 가로세로 10cm의 사각형을 하나 더 오려서 시작하세요. 하지만 이번에는 다른 방식으로 잘라 자신만의 퍼즐 조각을 디자인하는 겁니다. 새로운 조각들로 어떤 모양을 만들 수 있을까요?

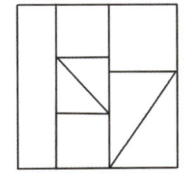 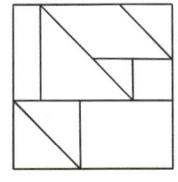 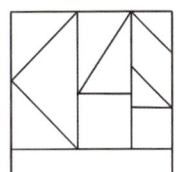 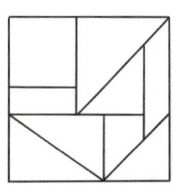

게임 속 과학

본래 탱그램은 원하는 모양은 무엇이든 만들 수 있게끔 각 조각들이 서로 잘 맞는 형태로 신중하게 고안되었어요. 그래도 훨씬 나은 디자인이 있을 수 있겠죠?

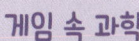

59

30 블록 쌓기

이 게임을 하기 위해서는 방안지나 그래프용지가 필요합니다.
문구점에서 구입할 수도 있고 인터넷에서 찾아 인쇄를 해도 좋습니다.

게임 준비

1 직사각형을 그려 보드게임 판을 만듭니다. 가로 10칸, 세로 6칸으로 시작하면 적당합니다.

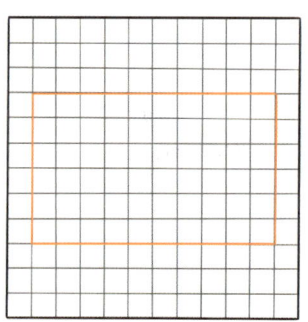

준비물
- 그래프용지
- 펜 또는 연필
- 가위

2 그래프용지 몇 장을 더 가져와, 3칸으로 된 조각을 여러 장 오려서 게임용 조각들을 만듭니다. '트리오미노'로 알려진 다음과 같은 모양들을 만들 수 있어요. 10×6 크기의 게임 판에 맞도록 총 60칸을 사용해야 하므로 각 모양을 10개씩 만드세요.

> 혼자 할 수도 있고, 다른 사람과 시합을 해도 좋아요.

게임 방법

3 조각들을 칸에 맞춰 판 위에 놓는 것으로 시작합니다. 모든 조각을 맞게 놓을 수 있나요? 그게 어렵다면 얼마나 많이 놓을 수 있나요?

게임 속 과학
조각들은 모두 판 위에 딱 맞게 들어맞을 수 있으나 제대로 배열하는 방식을 알아낸 경우에만 가능하겠지요. 상대와 시합하고 있는 경우라면 최상의 수를 미리 막아 상대가 놓기 더 어렵게 만들어야 해요!

4 누군가와 시합을 벌일 때는 동전을 던져 누가 먼저 시작할지 정한 다음, 번갈아 한 번에 한 조각씩 놓아 주세요. 더 이상 지속할 수 없는 사람이 게임에 진 것입니다!

31 테트라 블록

너무 쉽다고요? 다시 한번 해봅시다.
이번에는 4칸짜리 '테트로미노'와 더 큰 게임 판을 사용하는 거예요.

1 처음과 같은 방식으로 하되 이번에는 4칸짜리 조각들로 만들어 주세요.

4칸짜리 테트로미노의 7가지 유형입니다.

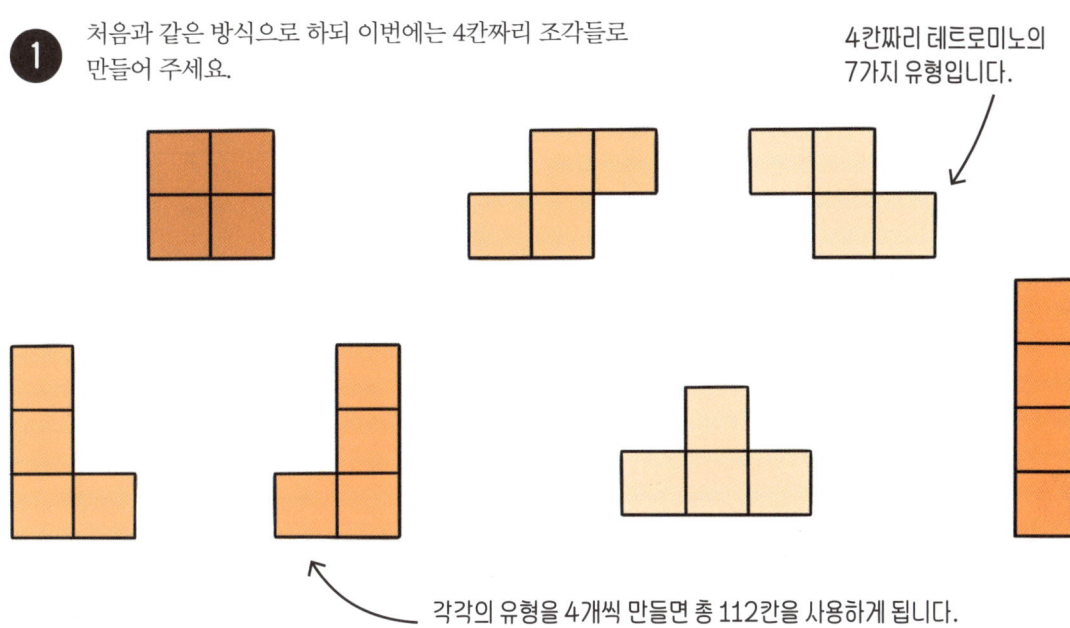

각각의 유형을 4개씩 만들면 총 112칸을 사용하게 됩니다.

2 이와 같이 112칸의 게임 판을 그리세요.

가로 14칸

세로 8칸

3 모든 조각들을 판에 맞춰 보세요.
상대와 번갈아 해도 좋습니다.
이번에는 훨씬 더 어려울 거예요!

이런!

32 나의 반쪽 찾기

대칭은 반으로 접었을 때 완벽하게 포개지는 모양을 뜻합니다. 한쪽 면이 다른 면의 거울에 비친 모양과 같습니다. 이 게임은 반으로 자른 대칭 형태를 서로 맞히는 게임입니다.

다른 사람에게 문제를 내거나 같이 시합을 벌이면 재미있을 거예요.

준비물
- 시리얼 박스처럼 얇은 판지
- 연필
- 가위

게임 준비

① 판지를 길이 8~10cm의 정사각형으로 자릅니다.

② 조각을 하나 집어 반으로 깔끔하게 접은 다음, 이와 같이 접힌 한쪽 면에 어떤 모양을 그리세요.

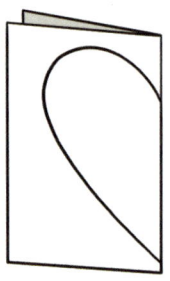

③ 두 면을 잘 접어, 그려진 모양의 선을 따라 자릅니다. 카드를 폈을 때 두 형태가 완벽하게 대칭을 이루게 됩니다.

④ 같은 방식으로, 대칭을 이루는 모양을 더 많이 만듭니다. 원하는 대로 모양을 만드세요!

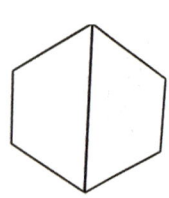  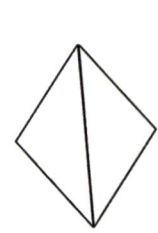 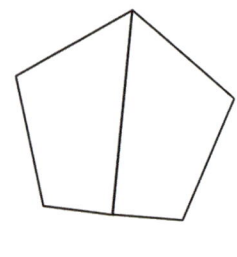

5 위의 과정이 끝나면 접힌 선을 따라 모든 모양을 반으로 자릅니다. 각 모양의 반쪽은 쟁반이나 판 위에 올려놓고 나머지 반쪽들은 봉지나 상자 등에 보이지 않게 넣어 둡니다.

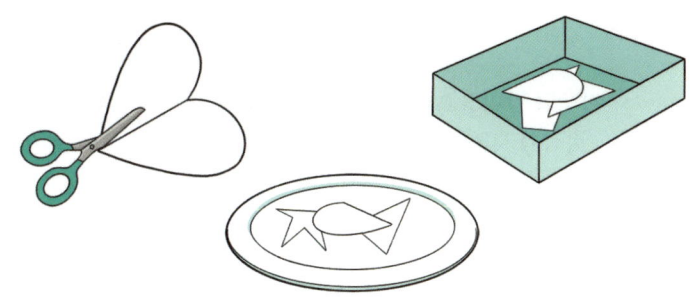

게임 방법

6 눈을 감고 봉지나 상자에서 조각 하나를 꺼내 게임을 시작합니다. 가능한 한 빠르게, 꺼낸 조각과 맞는 조각을 찾아내면 됩니다.

7 두 사람 또는 여러 사람이 함께 하는 경우라면 개인이 각각 한 조각씩 꺼냅니다. 셋을 세고 난 후 조각 더미에서 맞는 조각을 서둘러 찾아냅니다. 가장 먼저 찾는 사람이 점수를 획득합니다!

어렵네!

게임 속 과학

모양이 복잡할수록 딱 맞는 반쪽을 찾기는 더 어렵겠죠. 서로 비슷하지만 완전히 똑같지는 않은 교묘한 대칭 모양을 더 많이 만들어 보세요.

33. 그래프 암호 풀기

아래와 같이 X축과 Y축을 따라 숫자들이 적혀 있는, 사각형 칸으로 나뉜 격자판이 있습니다. 각각의 축에서 나온 두 개의 숫자를 사용해서 그래프 위의 한 점으로 표시할 수 있습니다.

게임 방법

1 두 선이 서로 교차하는 곳을 모서리로 해서 이와 같이 간단한 그림을 그립니다. 하나의 선으로 이어 그릴 수 있는 그림이어야 합니다.

2 이제 모든 모서리에 점을 찍고 목록에 다음과 같이 적습니다. 예를 들어, 그림에서 처음의 세 점은 이와 같습니다.

X축 5와 Y축 7,
X축 6과 Y축 8,
X축 7과 Y축 8

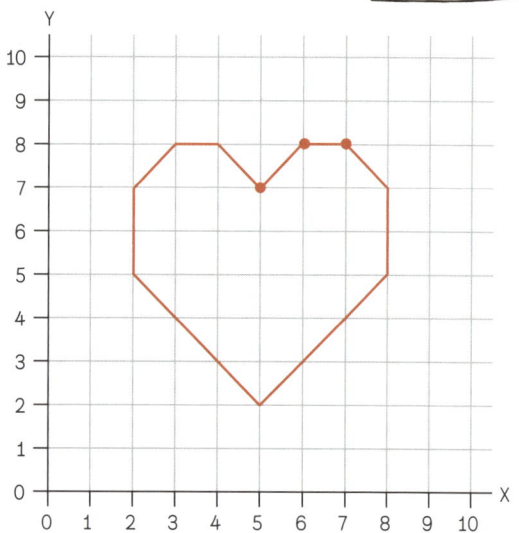

3 암호를 풀기 위해서는, 친구 역시 여러분이 처음 시작했던 것과 마찬가지로 빈 그래프 용지가 필요합니다. 친구는 당신이 낸 암호를 읽고 점을 표시한 후, 선을 그어 각 점들을 연결해야 합니다.

친구에게 문제를 내도 좋고, 여러 친구들과 서로 시합을 해도 좋습니다.

게임 속 과학

그래프는 측정한 값을 보여 주고 기호화된 정보를 전달할 수 있어 유용합니다. 사실, 태블릿 PC나 스마트폰의 화면도 비슷한 방식으로 작동합니다. 컴퓨터는 좌표를 이용해 화면을 터치하는 위치 그리고 사진이나 텍스트를 나타낼 위치를 파악하거든요.

34 그래프 메시지 보내기

그래프를 이용해 비밀 암호 메시지를 보낼 수 있는 또 다른 게임을 해 볼까요?

좌표를 사용해 편지를 쓸 수 있는 방법을 알아보세요. 메시지 안에 있는 각 문자를 대신할 별개의 좌표 그룹을 사용하세요.

연습문제 삼아 이것을 해독해 보세요!

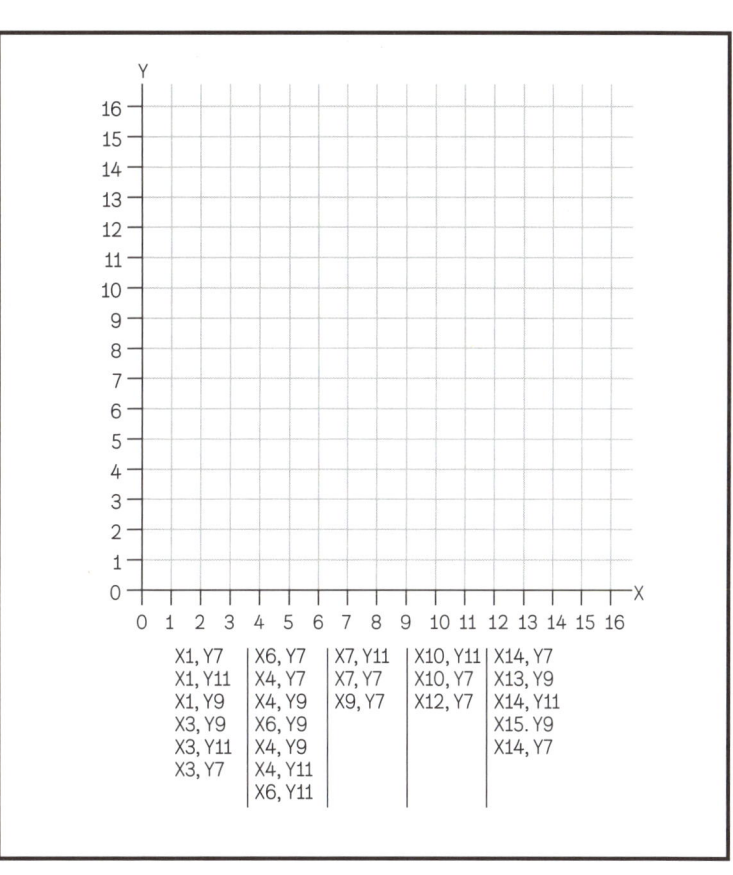

X1, Y7
X1, Y11
X1, Y9
X3, Y9
X3, Y11
X3, Y7

X6, Y7
X4, Y7
X4, Y9
X6, Y9
X4, Y9
X4, Y11
X6, Y11

X7, Y11
X7, Y7
X9, Y7

X10, Y7
X10, Y7
X12, Y7

X14, Y7
X13, Y9
X14, Y11
X15. Y9
X14, Y7

35 숨어 있는 삼각형은 몇 개일까?

조금 더 간단한 것을 해 봅시다. 여러분이 해야 할 일은 삼각형을 세는 것밖에 없어요! 이보다 더 쉬울 수가 있을까요?

게임 방법

1 이 그림에서 삼각형을 몇 개나 찾을 수 있나요?

모든 삼각형을 다 찾았다고요? 정말이요?

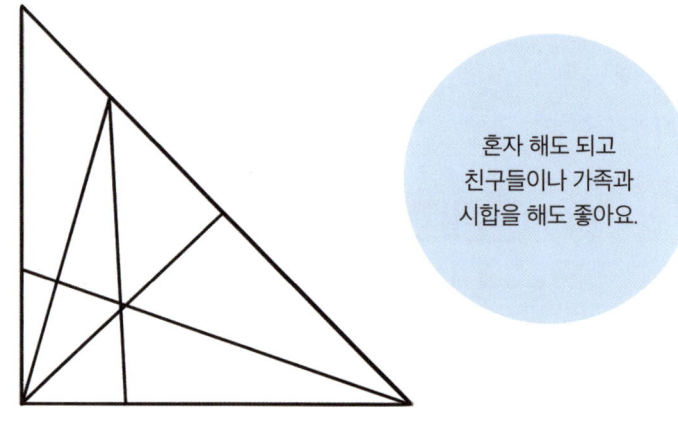

혼자 해도 되고 친구들이나 가족과 시합을 해도 좋아요.

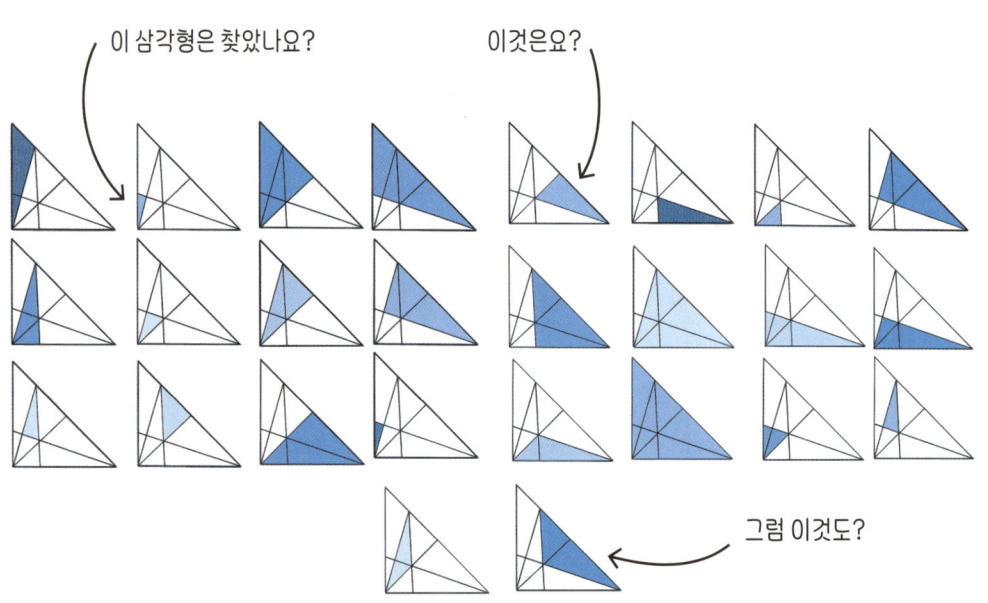

이 삼각형은 찾았나요? 이것은요? 그럼 이것도?

사실, 매우 단순한 그림인 듯 보이지만, 여기에는 총 26개나 되는 삼각형이 숨어 있어요. 그래서 하나도 빠짐없이 삼각형을 찾기란 정말 어려울 수 있기 때문에 세는 동안 놓치지 않도록 주의해야 돼요.

게임 속 과학

왜 이것이 그렇게 어려울까요? 우리의 두뇌는 도형을 알아보는 데 익숙해요. 어렸을 때부터 배웠으니까요. 그래서 누가 "삼각형을 찾아"라고 말하면 삼각형처럼 보이는 어떤 것이든 빠르게 눈에 들어옵니다. 너무 신속하게 이뤄지는 반응이기 때문에 덜 명확한 삼각형은 놓치기가 쉬워요.
예를 들면 삼각형 안에 다른 모양이 들어있다거나 하기 때문이죠.

㉛ 정사각형 안의 삼각형 세기

무엇을 찾아야 하는지 잘 알고 있으니까 이 사각형 안에 있는 삼각형들을 세도록 합시다. 복잡하게 느껴지면 사각형을 작게 많이 그린 다음 각기 다른 삼각형을 표시해 가면서 세어도 좋습니다.

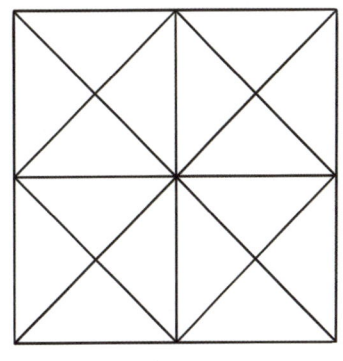

> 이렇게도 해 보세요!
> 이제 삼각형을 가득 채운 도형을 그려서 친구에게 문제를 내봅시다!

㉜ 별 안의 삼각형 세기

궁극의 도전을 해 봅시다.
별 안에 든 삼각형을 세는 거예요.

38 도형 탐험가

어떤 도형이든 찾아낼 수 있다고요?
그렇다면 두뇌를 시험해 볼 때인 것 같군요!

혼자도 할 수 있고,
친구와 같이 해도
좋아요.

게임 방법

1 이 게임에서 여러분이 할 일은 숨어 있는 도형을 찾아내는 거예요.

2 이렇게 뒤얽힌 거미줄을 보고 어떤 도형을 찾아낼 수 있는지 보세요. 어딘가에 정사각형 2개, 육각형 1개 그리고 별 1개가 있습니다.

3 그것들을 모두 찾았나요? 이것도 찾아 보세요. 직사각형 1개, 마름모 1개 그리고 정오각형 1개입니다.

게임 속 과학

각기 다른 형태의 선들과 얽혀 있는 도형의 윤곽들을 뇌가 구분해내기는 어렵습니다. 그런데 이런 것을 다른 사람들보다 더 잘해내는 사람들이 있습니다.

이러한 종류의 게임은 얼마나 분석적인 사람인가를 알아내는 테스트로 쓰이기도 합니다. 당신이 매우 분석적인 두뇌를 가지고 있다면 형태를 잘 구분해내고 그림과 패턴 그리고 규칙을 잘 이해한다는 의미입니다.

39 잃어버린 조각 찾기

이 게임은 반대의 상황이네요. 더 집중해야겠어요!

1 여기 사라진 부분이 있는 패턴이 있습니다.

가능한 한 빨리, 패턴에 들어갈 알맞은 조각을 찾으세요. 어느 것일까요?

a.    b.

c.    d.

2 다른 문제도 풀어 보세요.

a.    b.

c.    d.

3 조각의 방향이 바뀌어 있으면 훨씬 더 어렵습니다!

a.   b.   c.   d.

40 가장 적은 수의 사각형

그래프용지로 할 수 있는 또 다른 게임이 있습니다. 단순하게 보일지 모르지만 어쩌면 몇 시간 뒤에도 문제를 푸느라 쩔쩔매게 될지도 몰라요!

게임 방법

1 그래프용지에 펜이나 연필 그리고 자를 사용해서 직사각형 상자를 그리세요. 크기는 상관없지만, 우선 간단하게 가로 6칸과 세로 4칸짜리부터 시작합시다.

준비물

- 그래프용지
- 펜 또는 연필
- 자

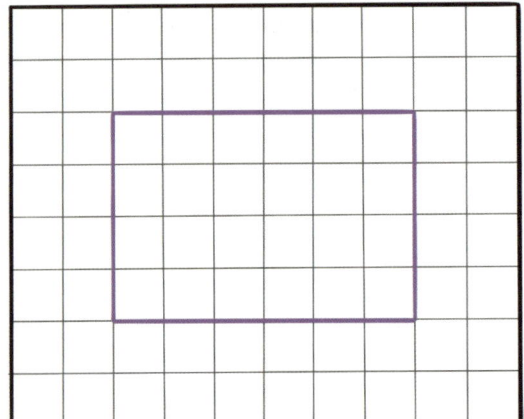

혼자 또는 친구와 함께 풀어도 좋고 서로 시합을 해도 좋아요.

2 직사각형에 빈 곳이 생기지 않도록 정사각형들로 채우세요. 가능한 한 정사각형의 수가 적어야 합니다. 몇 개나 채울 수 있나요?

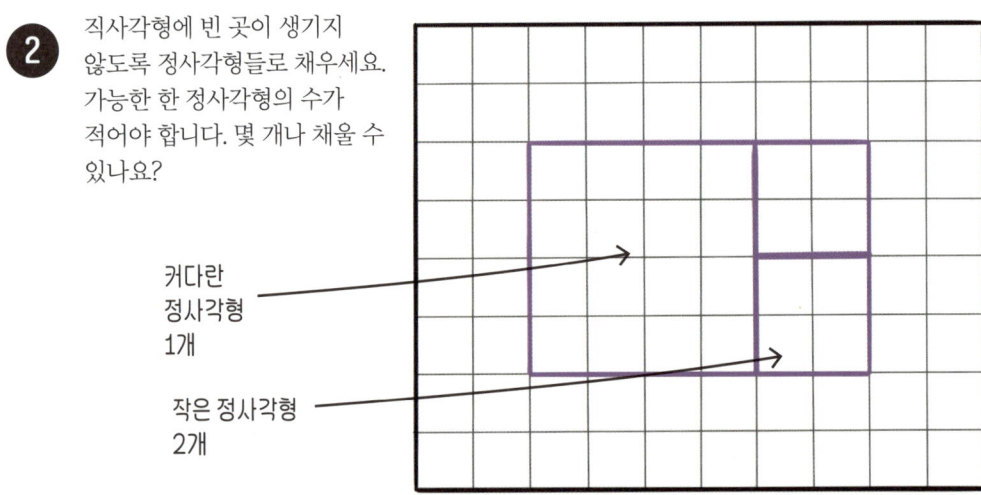

커다란 정사각형 1개

작은 정사각형 2개

가로 8칸과 세로 5칸짜리 직사각형

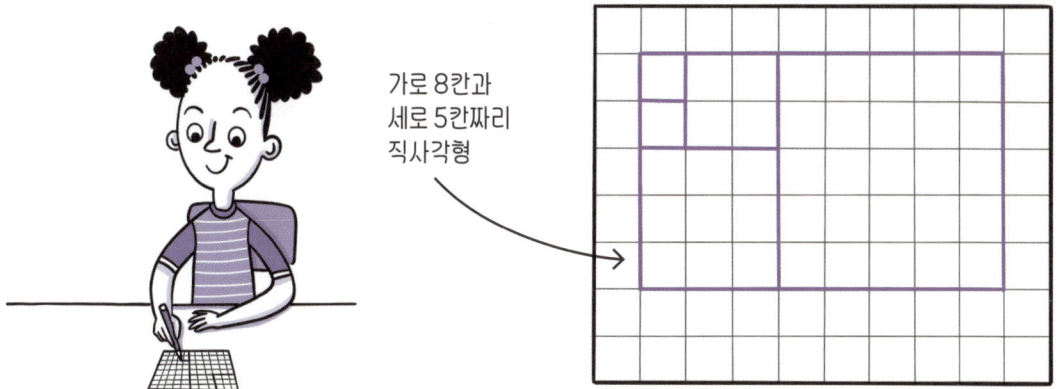

가로 11칸과 세로 13칸인 직사각형

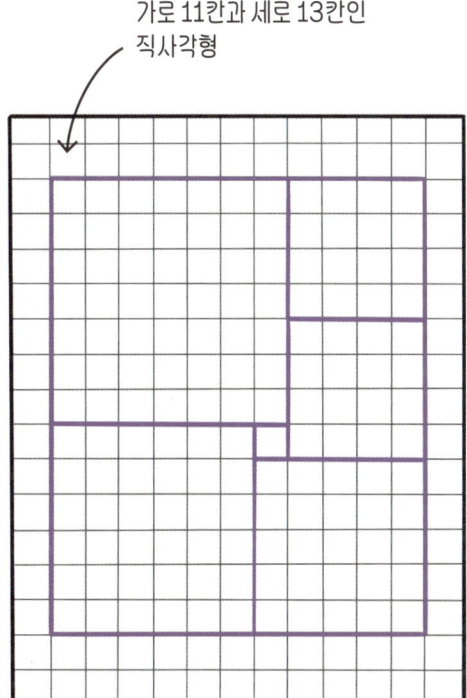

게임 속 과학

아직도 머리가 아픈가요? 아마 알아챘 겠지만 다른 답을 찾아내려면 한참 걸 릴 거예요!
정말 가장 적은 수의 사각형을 사용했 는지 확신하기란 실제로 매우 어렵습니 다. 왜냐하면 너무나 많은 다양한 답변 이 있으니까요. 더 넓은 범위에서 진행 하면 답변은 더 다양해지겠죠!

혼자 하고 있다면 가능한 한 적은 수의 정사각형을 사용하도록 하세요. 다른 사람과 시합하고 있다면 가장 적은 수의 정사각형을 사용할 수 있는 사람이 승자입니다.

41 줄줄이 종이인형

종이와 연필, 가위만을 사용해서 작은 사람들이 줄지어 늘어선 형상을 만드세요.
일단 시작하면 멈출 수 없습니다! 그러니까 종이가 바닥날 때까지……

게임 방법

준비물
- 아무것도 씌어 있지 않은 종이
- 연필
- 가위

이 게임은 혼자 하거나 그룹을 만들어 해도 재미있어요.

1 종이를 접어 함께 오려야 하기 때문에 종이를 한 줄로 길게(너무 길게는 말고) 잘라 주세요. 가로 30~50cm와 세로 10cm 정도가 알맞습니다.

2 길게 자른 종이를 아래 그림과 같이 깔끔하게 접어 주세요. 접힌 각각의 면이 정사각형 또는 정사각형보다 약간 좁게 나오도록 접습니다.

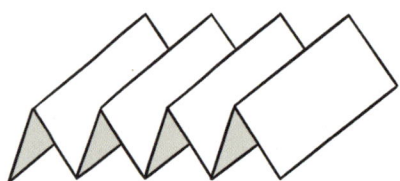

3 접힌 면이 평평해지도록 종이를 눌러 주세요.

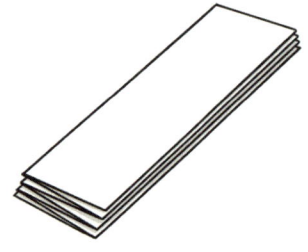

4 이제 그 위에 사람 형상을 하나 그립니다. 양팔과 양다리가 뻗어 나와 접힌 면에 닿게끔 그려 줍니다.

5 마지막으로, 접힌 종이를 단단히 쥔 다음 그려진 모양대로 종이를 오려 주세요. 그런 다음 펼치면 줄지어 늘어선 사람 띠가 만들어집니다.

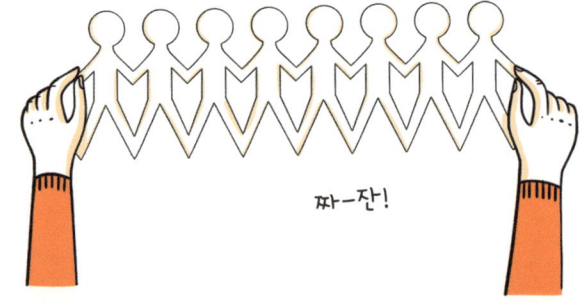

짜-잔!

게임 속 과학

반드시 사람 모양일 필요는 없습니다. 개, 공룡, 꽃, 외계인, 요정, 자동차 등 좋아하는 어떤 모양이든 괜찮습니다. 양 옆면이 닿아서 길게 이어지도록 만들기만 하면 되니까요.

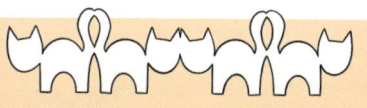

42) 원형 패턴 만들기

만드는 방식은 같지만 긴 줄이 아닌 원 모양의 종이를 사용합니다.

1 지름이 20~40cm 가량 되도록 종이를 원형으로 잘라 주세요 (접시나 프라이팬 뚜껑을 대고 정확하게 그려 주세요!).

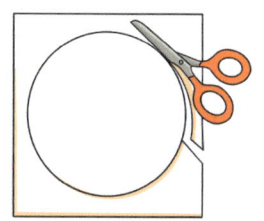

2 이제 원을 반으로 접은 다음 다시 반으로, 또 반으로 접어 8개의 면이 나오도록 접어주세요.

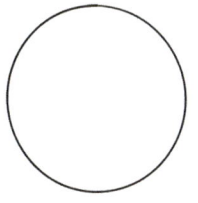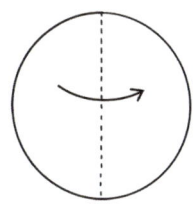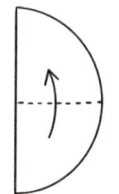

3 접힌 종이 위에 옆면이 서로 이어지도록 주의하면서 그림이나 디자인을 그려 주세요.

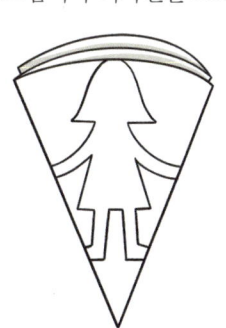

4 그런 다음 오려서 펼쳐 봅시다!

43. 루프터너

그래프용지 몇 장을 가져와 일련의 숫자들을 생각해 낸 후, 그것을 종이 위에 요상한 고리 모양 그림으로 바꾸는 겁니다!

게임 방법

매우 다양한 게임 방식이 있지만 우선 간단한 '세 숫자 루프터너'로 시작해 봅시다.

준비물
- 그래프용지
- 펜 또는 연필

1 종이 가운데 부분쯤에 점을 그리세요.

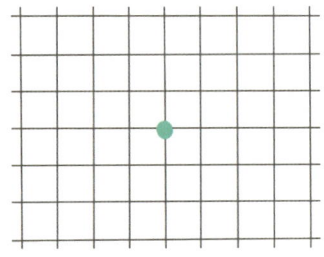

2 이제 10 미만의 숫자 중에서 아무거나 3개의 숫자를 고르세요. 예를 들면 1, 3, 5라고 합시다.

3 점에서 출발해서 오른쪽 한 칸 옆으로 선을 그리세요.

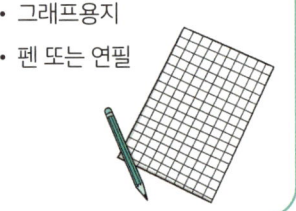

4 시계 반대 방향으로 90도 회전한 다음 3칸 길이로 선을 그리세요.

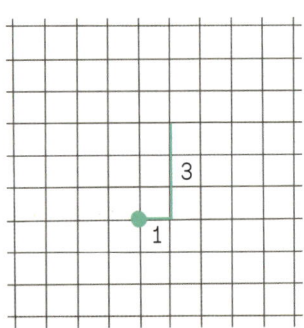

5 다시 시계 반대 방향으로 90도 회전해서 5칸 길이로 선을 그리세요.

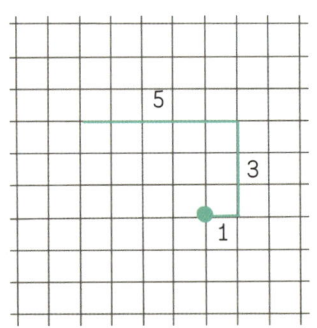

6 이제 또 시계 반대 방향으로 90도 회전하고 동일한 패턴을 반복합니다.

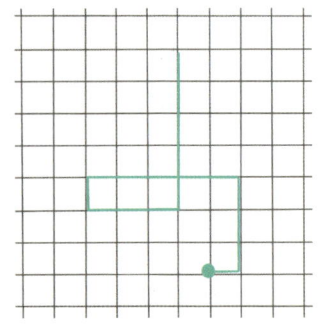

7 계속해서 1칸, 3칸, 5칸 선을 그리면서 처음 시작했던 지점으로 되돌아 올 때까지 같은 방식으로 회전합니다!

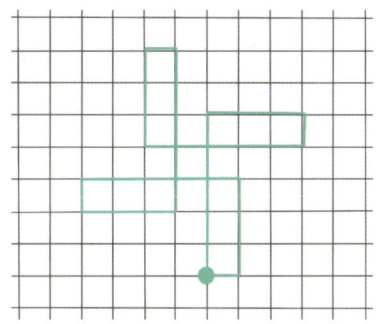

혼자서 또는 친구들과 서로 루프터너 문제를 내면서 몇 시간이고 즐겨 보세요.

이제 약간의 변화를 주고 어떻게 바뀌나 살펴보세요.

8 3개의 숫자를 다르게 해 보세요.

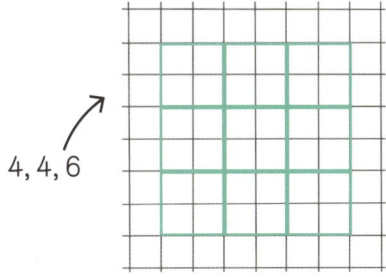

4, 4, 6

9 더 많은 숫자를 적용하면 어떨까요? 4, 5, 6으로 하거나 훨씬 더 많은 숫자로 해도 되지만 같은 유형의 패턴이 나오지는 않을 거예요! 사실, 어떤 것은 처음 시작했던 지점으로 오지 못하고 영원히 계속될지도 모르죠.

(선이 서로 겹쳐도 걱정하지 마세요. 그냥 계속 그리면 돼요!)

게임 속 과학

루프터너는 작은 컴퓨터 프로그램과 비슷합니다. 일련의 숫자들이 특정한 패턴에 '코드'처럼 작용합니다. 보기에는 복잡한 패턴이어도 단 몇 줄의 숫자와 간단한 지시로 요약될 수 있습니다. 컴퓨터 코드가 비슷한 방식으로 작용하는 경우가 많습니다.

4장

펜과 종이만 있으면 게임 준비 끝

44 뱀 게임

첫 번째 게임은 교대로 뱀을 점점 더 길게 만드는 게임입니다.
펜과 종이만 있으면 할 수 있으니 정말 간단하죠?

게임 준비

1 이와 같이 가로 5, 세로 5의 방식으로 점을 찍어 격자판을 만드세요.

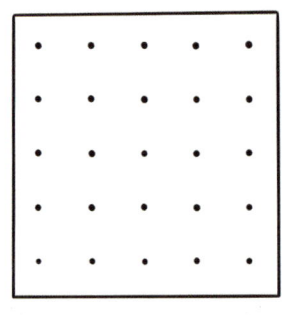

준비물
- 종이
- 펜

게임 방법

2 게임 참가자들은 차례로 격자판에 라인을 추가해 뱀을 만듭니다.

두 사람을 위한 게임이지만 더 많은 사람이 할 수도 있어요.

3 다만 몇 가지 규칙이 있습니다.
- 두 점 사이의 줄은 직선이어야 하며 기존 뱀에 덧붙여야만 합니다.
- 여기 보이는 바와 같이 수평선이나 수직선 또는 45도의 대각선이어야 합니다.
- 뱀은 자신의 몸을 넘을 수 없습니다.
- 같은 점을 2번 사용할 수 없습니다.

수직선   수평선

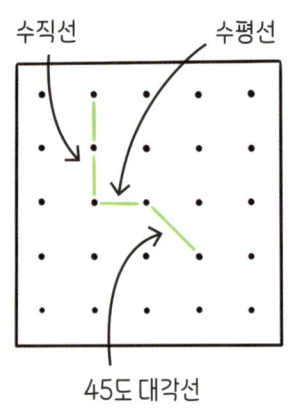

45도 대각선

허용 불가!

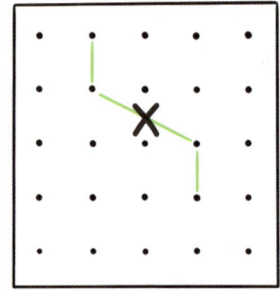

예를 들어 이와 같은 다른 방식의 대각선은 허용되지 않습니다.

④ 계속해서 뱀에(양쪽 끝에) 라인을 추가합니다. 마침내 더 이상 추가할 수 없을 때까지 계속합니다. 마지막 라인을 그은 사람이 패자입니다!

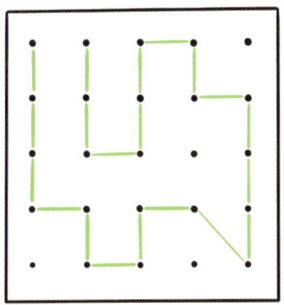

게임 속 과학

더 이상 나아갈 공간과 점이 없기 때문에 뱀은 끝나게 마련입니다.
그러나 연습을 거듭하면 상대가 궁지에 몰려 마지막 라인을 그리도록 교묘한 수를 쓸 수 있습니다!

45 뱀 전투

뱀 한 마리로는 부족하다고요?
두 마리로 해 봅시다!

① 이전과 똑같이 5×5의 점 격자판을 그리세요. 이번에는 두 참가자가 다른 색의 펜을 갖고 격자판에 본인의 시작점을 그립니다.

참가자 1번은 여기에서 시작합니다.

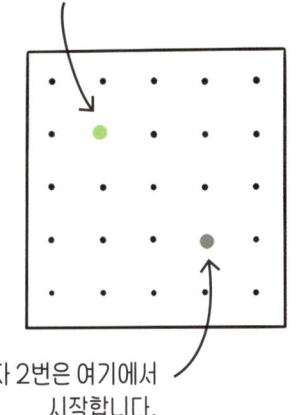

참가자 2번은 여기에서 시작합니다.

② 게임 참가자들은 차례로 라인을 추가해 본인만의 뱀을 완성시켜 나갑니다.

- 차례가 될 때마다 수평선이나 수직선 또는 45도 대각선을 한 칸 길이만큼 그려야 합니다.
- 뱀의 한쪽 끝에서만 추가해야 합니다.
- 두 뱀은 서로 교차하거나 자신이나 상대의 몸에 닿으면 안 됩니다.
- 같은 점을 두 번 사용할 수 없습니다.

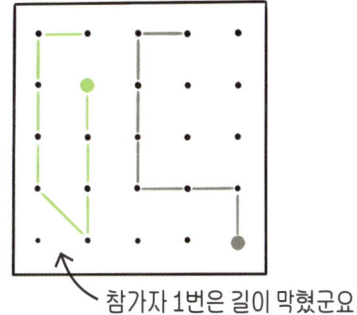

참가자 1번은 길이 막혔군요!

마침내 한 참가자가 움직일 수 없게 되었습니다. 지고 말았네요!

79

46 케이크 먹어치우기

주의를 기울여야 하는 게임이에요.
고추냉이 케이크를 먹고 싶지 않다면요!

게임 준비

1 종이에 케이크나 단순한 원으로 된 격자판을 그리고 이와 같이 그들 주위에 상자를 하나 그리세요. 쟁반에 담긴 케이크의 모습이 되었습니다. 어떤 크기여도 상관없는데 우리 것은 6×4의 크기입니다.

준비물
- 종이
- 펜 또는 연필

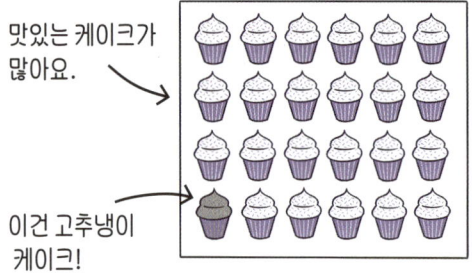

맛있는 케이크가 많아요.

이건 고추냉이 케이크!

두 사람이 하기에 알맞은 게임입니다.

게임 방법

2 교대로 진행합니다. 본인의 차례가 되면, 먹어치울 케이크 하나를 격자판에서 고릅니다.

3 그러나 선택한 케이크뿐만 아니라 그 위와 오른쪽에 있는 케이크까지 모두 먹어야 합니다.

게임 속 과학

수학자들은 이 게임을 풀 수 있는 최선의 방법을 아직 찾아내지 못했습니다. 어떻게 해야 이길 수 있는지 직접 알아봅시다!

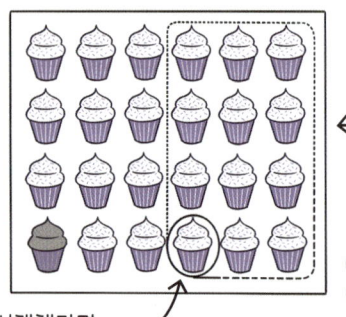

따라서 이 케이크를 선택했다면……

여기에 있는 모든 케이크를 먹어야만 합니다.

우웩!

4 해당하는 케이크에 가위표를 하거나 휘갈겨 낙서하는 식으로 먹어치웁니다. 이런 식으로 누군가가 고추냉이 케이크를 먹어야만 하는 상황이 될 때까지 계속합니다.

47 스프라우트

다음에는, 간단하지만 희한한 '스프라우트Sprouts(방울양배추)' 게임에 도전해 볼까요?

게임 방법

1 종이 위에 두 개의 점을 그려 시작합니다.

2 두 사람은 빨간색과 파란색처럼 서로 다른 색의 펜을 사용해서 차례로 라인을 추가 합니다.

3 본인의 차례가 되면 두 점을 잇는 선을 하나 그리세요.

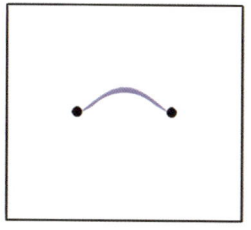

4 그런 다음, 본인이 그린 선 중간에 점을 하나 새로 찍습니다. 몇 가지 규칙이 있어요.

- 본인이 그린 선은 자신의 선 또는 다른 어떤 선과도 교차할 수 없습니다.
- 각 점은 3개의 선까지만 연결할 수 있습니다. 만약 이미 3개의 선이 연결되어 있다면 더 이상 선을 추가 할 수 없습니다.
- 한 점에서 출발한 선이 다시 같은 점에 오도록 그릴 수 있습니다. 이럴 경우, 하나가 아닌 두 개의 선이 연결된 것으로 봅니다.

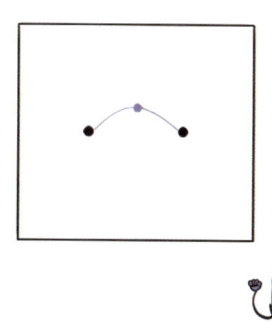

5 더 이상 움직일 수 없는 사람이 패자입니다. 그때까지 계속하세요.

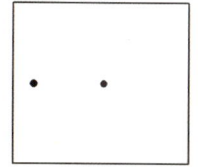 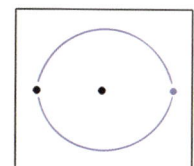 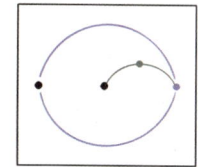 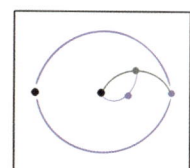 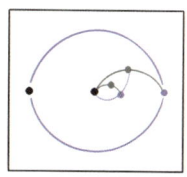

㊽ 나만의 삼각형 만들기

재미있기도 하고 마지막에는 아름다운 그림까지 얻을 수 있는 간단한 게임입니다.

게임 방법

① 종이 전체에 20개의 점을 무작위로, 그러나 골고루 공간을 차지할 수 있도록 그립니다.

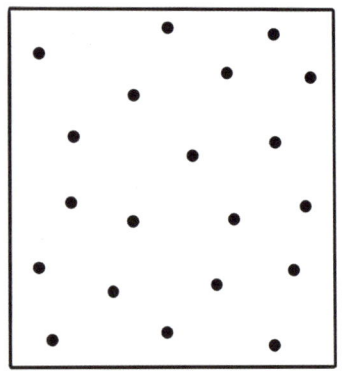

준비물

- 종이
- 각자 사용할 다른 색의 펜이나 크레용

두 사람이 적당하지만 셋 이상이 함께 해도 좋은 게임이에요.

② 교대로 진행합니다. 본인의 차례가 되면 이와 같이 자신의 펜으로 두 점을 직선으로 연결합니다.

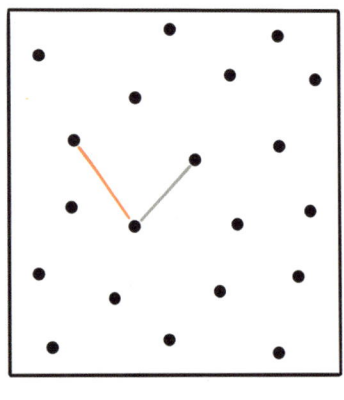

③ 삼각형을 완성하는 선을 그리는 것이 목표입니다. 삼각형을 이루는 모든 선을 그리지 않아도 문제가 되지 않습니다. 삼각형을 완성하는 마지막 선만 그으면 되니까요.
삼각형을 완성할 때마다 본인의 색으로 삼각형을 칠해 줍니다. 삼각형은 서로 겹칠 수 없으며 삼각형 안에 점이 들어 있어도 안 됩니다.

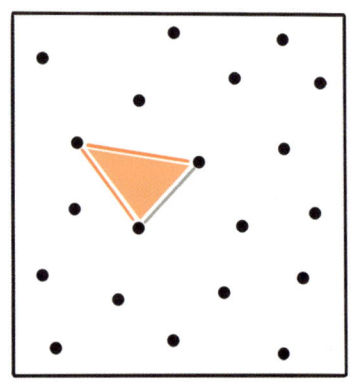

4 할 수 있는 한 많은 삼각형을 만들면서 교대로 선을 추가합니다. 모든 점이 연결되면 삼각형을 세고, 가장 많은 삼각형을 가진 사람이 승자입니다!

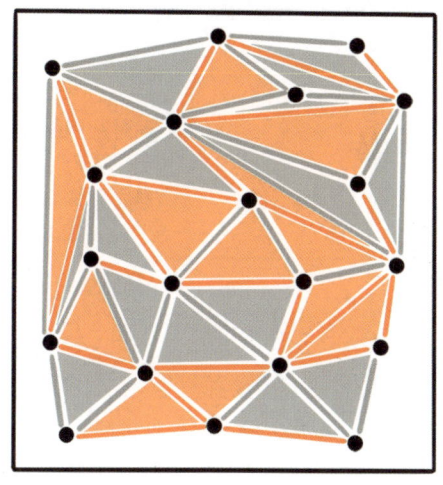

분발해, 오렌지!

게임 속 과학

이 게임은 보기보다 어려워요! 두 변이 있는 채 남겨 상대에게 삼각형을 완성할 수 있는 기회를 넘겨주지 않도록 하세요.

49 나만의 사각형 만들기

삼각형 게임과 같은 방식으로, 삼각형이 아니라 점을 이어 사각형 또는 네 변을 가진 여러 모양을 만드는 게임입니다.

삼각형 만들기처럼 점을 많이 그린 다음, 교대로 점을 이어 줍니다. 이번에는 삼각형이 아닌, 네 변을 가진 모양 또는 사각형 모양을 만듭니다. 하나를 완성하면 본인의 색으로 사각형을 잘 칠해 주세요.

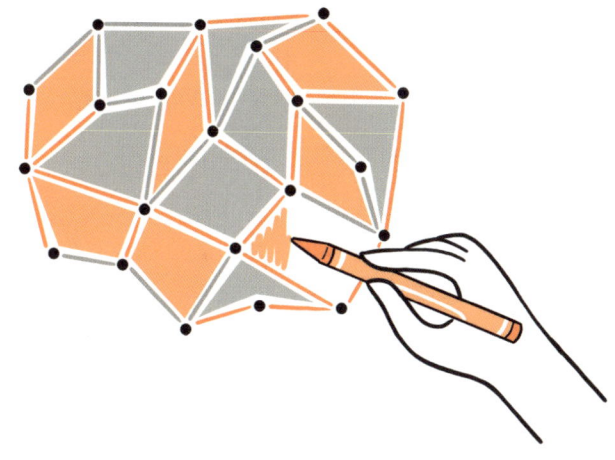

네 변을 가진 모양이 가끔 사각형보다는 화살 모양과 더 비슷해 보인다는 사실을 알게 될지도 모릅니다.

50 삼각형을 조심해!

이번 게임은 다시 삼각형 만들기와 관련이 있어요.
그런데 삼각형 만들기와 반대로 삼각형을 만들지 않도록 주의해야 합니다!

두 사람을 위한 게임이지만 두 가지 색의 펜을 갖고 교대로 혼자 할 수도 있어요.

준비물
- 종이
- 연필
- 두 가지 색의 펜 (각자 한 가지 색을 선택)

게임 방법

1 종이에 이와 같이 커다란 육각형 모양으로 6개의 점을 연필로 그려 주세요.

반드시 정육각형을 그릴 필요는 없고 육각형처럼 보이기만 하면 돼요.

2 그런 다음 교대로 임의의 두 점 사이를 자신의 색으로 이어 주세요. 예를 들어, 검은색 펜을 가진 참가자 1번이 먼저 직선을 그렸다고 해봅시다.

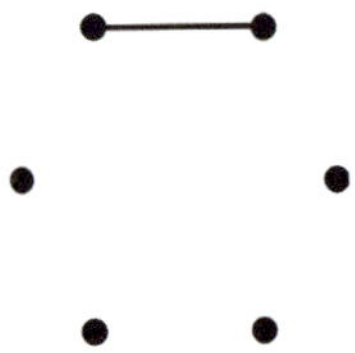

3 상대방은 반드시 두 개의 점을 잇되, 이미 그어진 선 위로는 선을 긋지 못합니다. 번갈아 선을 추가해 나가세요. 그러나 절대 삼각형을 만들어서는 안 됩니다. 삼각형을 그리는 사람이 게임에 지게 됩니다!

이제 2번 참가자의 차례네요. 파란색 펜이군요.

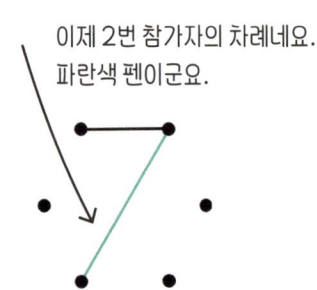

이럴 땐 어떻게 하죠?

양측이 모두 삼각형을 부분적으로 그렸다면 무승부입니다.
예를 들면, 이런 삼각형은 괜찮습니다.

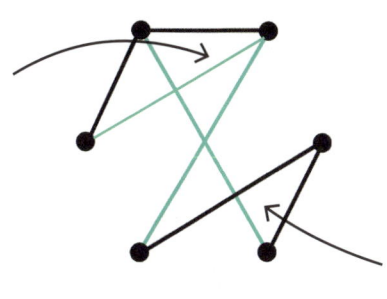

또한 이와 같이 삼각형이 육각형 내부에 있어서 세 코너에 점이 모두 있는 경우가 아니라면 그것도 괜찮아요.

이 게임을 얼마나 오래 지속할 수 있을까요?

모두 끝났어…….

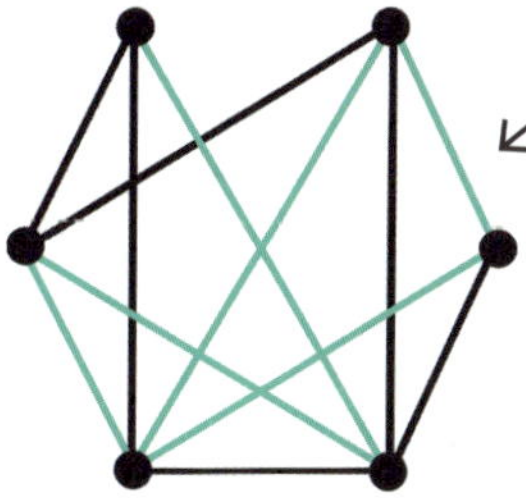

이런! 2번 참가자가 삼각형을 하나 만들었네요. 모든 면이 파란색이고 각 코너에 점이 하나씩 있습니다. 1번 참가자가 이겼습니다!

게임 속 과학

'심Sim 게임'으로도 잘 알려진 이 게임은 암호학자인 구스타프 시몬스Gustavus Simmons에 의해 1969년 창안되었습니다. 수학자들은 심 게임이 동점으로 끝날 수 없다는 사실을 알아냈습니다! 누군가는 반드시 삼각형을 그리고 끝나거든요. 문제는 그것이 본인이냐 아니냐죠.

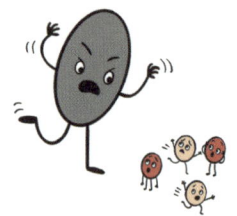

51 운명의 점

운명의 점은 결국 어디에 있으며 과연 피할 수 있을까요?

두 사람이 하기에 알맞은 게임입니다.

게임 방법

1 종이에 이와 같이 15개의 원으로 된 삼각형을 그리세요.

2 빨간색과 검은색처럼 서로 다른 2가지 색 펜이 필요하며, 각자 본인의 색을 정합니다.

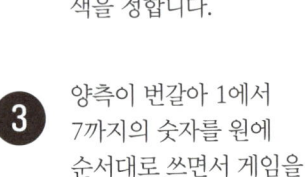

준비물
- 종이
- 다른 색의 펜 2개

3 양측이 번갈아 1에서 7까지의 숫자를 원에 순서대로 쓰면서 게임을 진행합니다.

1번 참가자가 여러 원들 중 하나에 1을 씁니다.
2번 참가자가 다른 원에 1을 씁니다.
1번 참가자가 2를 씁니다.
2번 참가자가 2를 쓰고…… 하는 식입니다.

4 양측이 1부터 7까지의 수를 다 쓰고 나면 단 1개의 원이 남습니다.

이 원이 바로 '운명의 점'입니다!

5 운명의 점은 이것에 닿는 모든 점들을 파괴합니다. 운명의 점과 그것을 둘러싼 주변의 여러 점을 펜으로 칠하세요.

6 남아 있는 숫자들을 각자 더해 보세요. 더 높은 점수를 얻은 사람이 승자입니다!

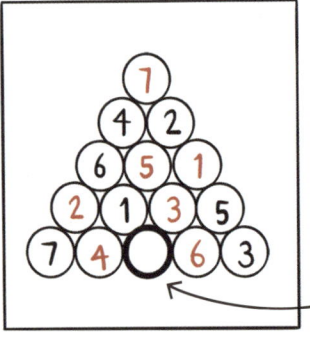

게임 속 과학

가장 높은 숫자를 운명의 점 옆에 두고 싶지 않겠지만 쉽지 않은 일이죠. 왜냐하면 가장 높은 숫자를 마지막에 써야 하니까요. 혹시 좋은 방법이 있나요?

검은색이 이겼군요!

52 풍선 터뜨리기

가능한 한 많은 풍선을 터뜨리면 승자가 됩니다.

1 종이에 한 다발의 풍선을 그리세요.

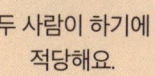

두 사람이 하기에 적당해요.

3 다음 차례가 되면 점을 찍은 풍선에 색을 칠해 풍선을 터뜨린 다음, 처음 풍선과 닿아 있는 다른 풍선에 새롭게 점을 찍으세요.

4 이렇게 점을 찍은 풍선을 터뜨리고 그 풍선에 닿아 있는 다른 풍선에 새롭게 점을 찍으면서 교대로 진행합니다.

2 게임을 진행하기 위해서는 양측이 서로 다른 색의 펜을 사용해야 합니다. 각자 터뜨리고자 하는 풍선 위에 점을 하나 찍으세요.

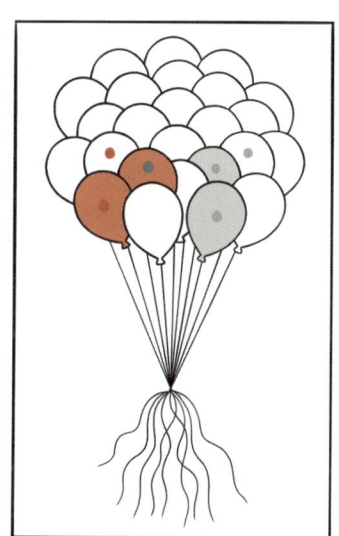

펑!

새로운 점을 찍을 곳이 없는 사람이 패자입니다!

53 블로킹 블록

O 또는 X를 그려 상대를 차단하세요!

게임 준비

1 종이에 가로 6칸과 세로 6칸의 격자판을 그리세요(칸으로 된 종이나 그래프용지도 괜찮아요).

두 사람이 하기에 적당한 게임입니다.

게임 방법

2 게임 참가자들은 틱택토 게임 (94페이지 참조)과 마찬가지로 O 또는 X를 선택한 다음, 교대로 진행합니다.

준비물
- 종이
- 자
- 마커펜 또는 연필

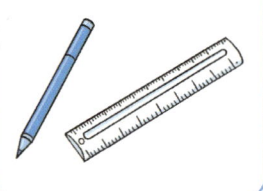

3 본인의 차례가 되면 한 칸을 선택해서 자신이 택한 기호를 그려 넣습니다. 그런 다음 해당 칸 주변의 칸들을 연필로 가볍게 칠해 '블로킹 블록'을 만들어 줍니다.

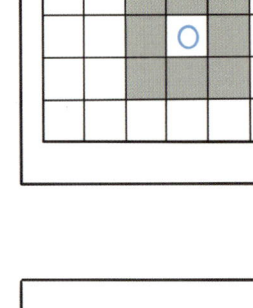

4 상대방은 당신의 블록 어디에도 기호를 넣을 수 없습니다. 반드시 비어 있는 칸을 선택해야 합니다. 그러나 상대의 블록 칸이 당신의 블록 칸과 겹칠 수는 있습니다.

예를 들면 이렇게 될 수 있겠지요.

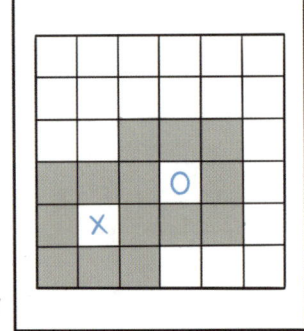

5 계속해서 당신의 기호와 블로킹 블록을 늘려 가세요.

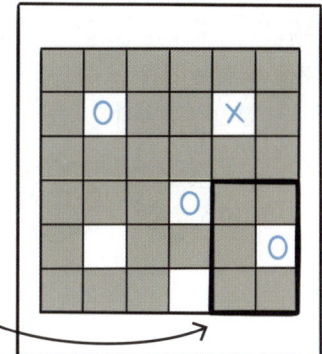

이처럼 가장자리 칸에 기호를 넣어도 됩니다.

6 그러나 결국 더 이상 갈 곳이 없게 되겠죠. 움직일 수 없게 되면 패배합니다.

게임 속 과학

자신의 블록이 상대방 블록에 더 많이 겹칠수록 다음 수를 위한 공간을 더 많이 남길 수 있게 됩니다. 상대방 블록에서 더 멀어질수록 본인의 블록으로 채울 수 있는 공간이 많아집니다!
게임의 단계에 따라 그리고 공간을 남겨두고 싶은지 아니면 다 사용하고 싶은지에 따라 교묘한 전략을 펼칠 수 있겠지요.

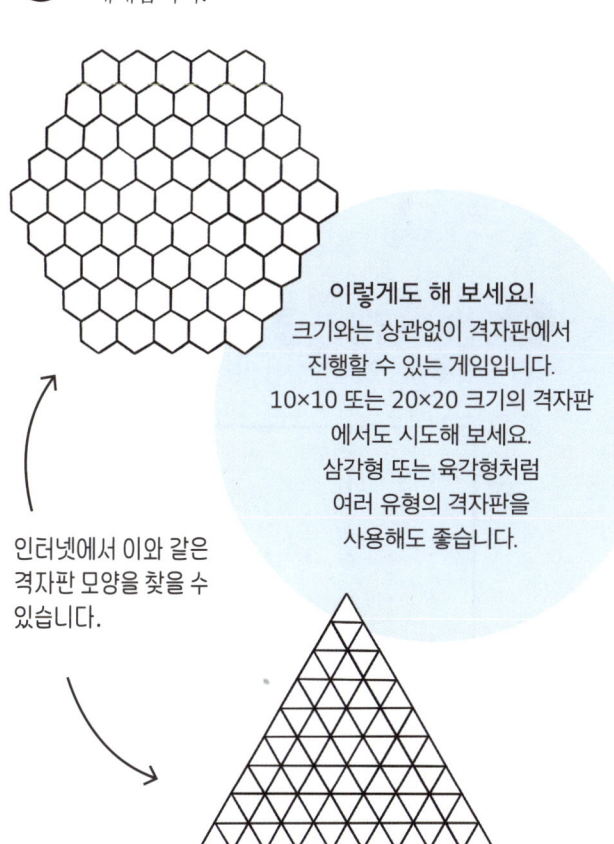

인터넷에서 이와 같은 격자판 모양을 찾을 수 있습니다.

이렇게도 해 보세요!
크기와는 상관없이 격자판에서 진행할 수 있는 게임입니다. 10×10 또는 20×20 크기의 격자판에서도 시도해 보세요. 삼각형 또는 육각형처럼 여러 유형의 격자판을 사용해도 좋습니다.

54. 달과 별의 박스 전쟁

몇 시간이고 빠져들 수 있을 만큼 쉽고도 즐거운 게임입니다!
달과 별, 하트 모양, 꽃, 개, 고양이 또는 당신이 좋아하는 것은 무엇이든 박스 안에 그릴 수 있어요.

게임 방법

1 종이에 6×6의 점 격자판을 그리세요(원한다면 더 크게 만들어 사용해도 괜찮습니다).

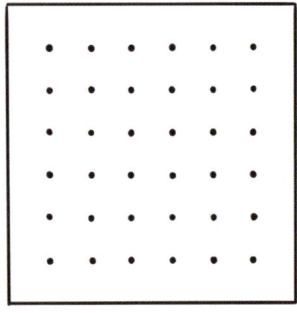

둘이 하기에 적당한 게임입니다.

준비물
- 종이
- 다른 색의 펜이나 연필 2자루(양측에 하나씩)

2 누가 달이 되고 누가 별이 될 것인지 정하세요. 그런 다음, 교대로 각자 다른 색의 펜을 사용해서 격자판에 추가해 나갑니다.

3 본인 차례가 되면 두 개의 점을 수평선이나 수직선이 되도록 이어 줍니다.

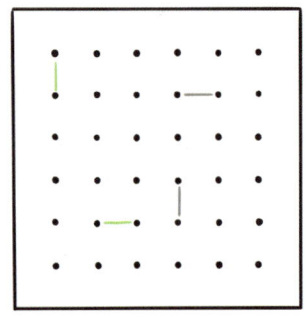

4 네모 칸을 완성하기 위한 선을 그려 나갑니다. 네모 칸이 만들어질 때마다 그 칸을 차지해서 안에 자신의 기호를 그립니다.

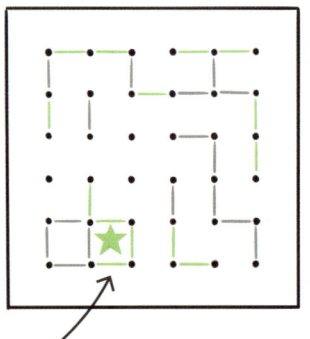

초록색(별) 선수가 박스를 완성하고 그 안에 별을 그려 넣었네요.

⑤ 박스를 완성할 때마다 한 번의 기회를 더 얻습니다. 하나의 박스를 완성하면 또 하나의 다른 박스를 완성할 가능성이 높아 한 줄을 통째로 얻을 수도 있습니다.

⑥ 모든 박스를 채우면 개수를 세어 누가 더 많이 차지했는지 체크하세요.

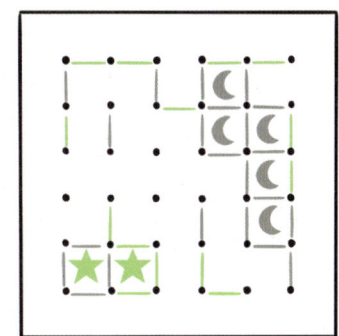

55 다섯 개의 점을 연결하라!

재미있는 격자판 게임을 하나 더 해 봅시다!

혼자 해도 좋고 두 사람이 교대로 할 수도 있어요.

게임 방법

① 이번에는 격자판의 점을 십자가 모양으로 그리세요.

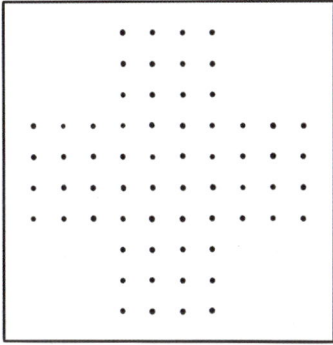

4×4의 점을 중앙에 그리면서 시작합니다. 위아래로 4×3의 격자판을 추가하세요.

② 자신의 차례가 되면 5개의 점을 이어 직선을 그립니다. 수평선이나 수직선 또는 대각선이 될 수 있습니다. 기존 5개 점을 이을 수도 있고 기존 점 4개에 5번째 점을 하나 추가할 수도 있습니다(일직선이 되도록 격자판에 다른 점을 추가합니다). 선들은 서로 만나거나 교차할 수 있지만 겹쳐서는 안 됩니다.

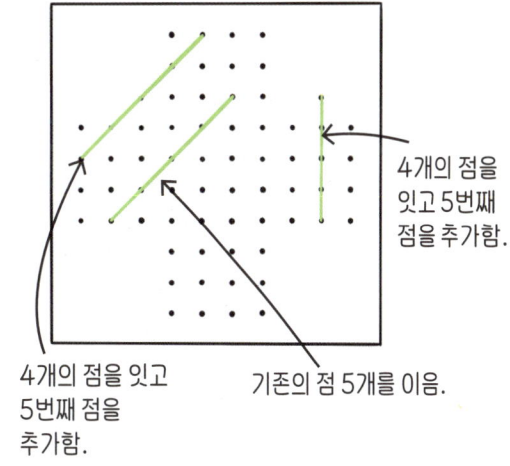

4개의 점을 잇고 5번째 점을 추가함.

4개의 점을 잇고 5번째 점을 추가함.

기존의 점 5개를 이음.

③ 더 이상 그을 수 없을 때까지 선을 긋습니다! 얼마나 많은 선을 그릴 수 있을까요?

56 숫자 미로

벽 대신 숫자들로 만들어진 미로를 통과하는 길을 찾아보세요!

혼자서는 물론 다른 사람과 함께 풀어도 좋은 미로 게임입니다. 게임에 익숙해지면 새로운 미로를 만들어 친구들이나 가족에게 풀어 보라고 해 보세요.

게임 방법

1 첫 번째 문제입니다. 간단한 숫자 미로예요. 어떤 미로든 출발선에서 시작해 자신만의 길을 만들어 목적지까지 갑니다. 1부터 20까지 순서대로, 숫자로 이루어진 길을 따라 도착해야 합니다.

준비물

- 종이
- 연필
- 자

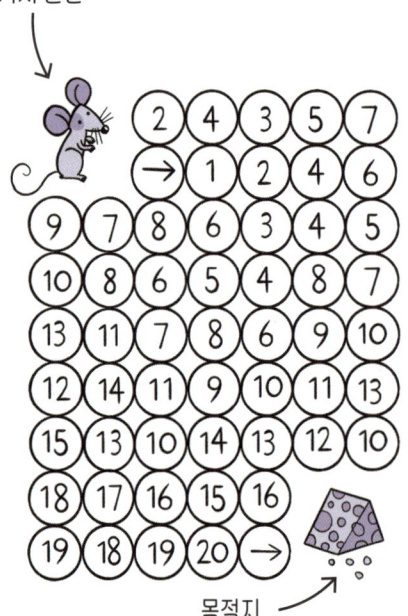

여기서 출발

목적지

2 이 문제도 같은 방식이지만 3단 곱셈표를 따라야 합니다.

여기서 출발

3 이 문제는 어떤가요? 오로지 짝수만 거쳐 미로를 통과할 수 있습니다.

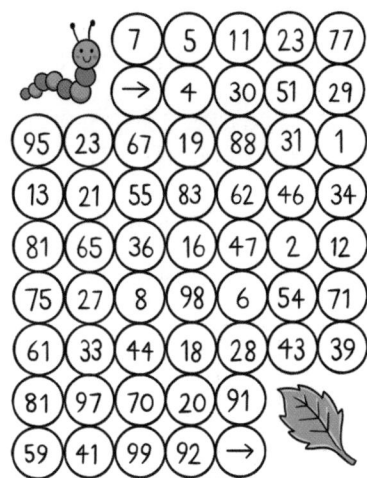

게임 속 과학

미로 문제들은 36페이지에 나왔던 수열 게임하고 비슷하지만 사라진 숫자를 추측하는 게 아니라 숨어 있는 임의의 숫자들에서 연속성이나 길을 찾아내야 합니다.

이렇게도 해 보세요!
다음의 간단한 지시 사항을 따라 자신만의 미로를 만들어 보세요.

1 연필과 자를 사용해서 종이에 네모 칸의 격자판을 그리세요. 만약 그래프 용지가 있다면 커다랗게 박스를 하나 그리세요.

크기는 상관없지만 6×8 또는 8×10 정도의 크기로 시작하는 것이 좋습니다.

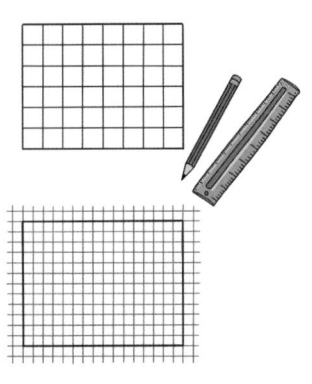

2 출발점과 도착점을 표시하세요.

3 어떤 숫자 길을 기본으로 할 것인지 결정하고 그에 맞는 숫자들을 채워 구불구불한 길을 만드세요. 이것은 2단 곱셈표를 사용해서 만든 길입니다.

4 마지막으로, 남은 빈 공간들을 임의의 숫자들로 채웁니다. 미로가 완성되었습니다!

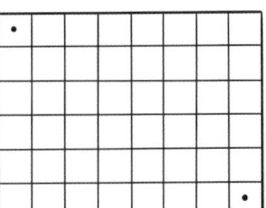

•	2	4				
	8	6				
	10					
	12	14		22	24	26
		16	18	20		28
						30

•	2	4	6	12	8	15	17
1	8	6	13	10	9	19	23
16	10	11	15	19	27	37	39
14	12	14	21	22	24	26	22
15	20	16	18	20	22	28	27
18	21	15	27	24	28	30	•

57 틱택토

'3목두기'나 'XO게임'으로도 잘 알려진 '틱택토 Tic-Tac-Toe'는 매우 간단하지만 인기가 많은 게임입니다.

두 사람이 하는 게임입니다.

게임 방법

1 종이에 간단한 3×3 격자판을 이와 같이……

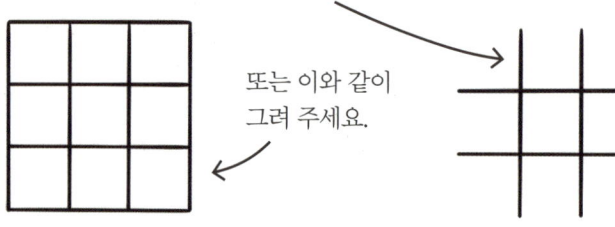

또는 이와 같이 그려 주세요.

준비물
- 종이
- 연필

2 두 사람은 각자 O나 X 중에서 하나를 고른 다음, 자신의 기호를 격자판 위에 번갈아 그려 나갑니다. 먼저 '기호 3개를 연이어 직선으로' 그린 사람이 승자입니다!

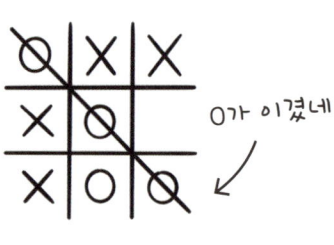

O가 이겼네요!

게임 속 과학

상대방이 3개의 기호를 이어서 적지 못하도록 해야 한다는 점을 명심하세요. 3개가 한 줄로 이어질 가능성이 있는 줄들은 가운데 칸들을 지나가는 경우가 많습니다. 따라서 우선 가운데를 노리세요!

58 4칸 틱택토

틱택토 게임을 좀 더 크게 하면 어떨까요?

1 종이에 4×4 격자판을 그리세요.

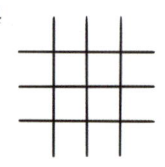

2 평범한 틱택토 게임에서처럼 참가자들은 O 또는 X를 선택한 후 번갈아 칸을 채웁니다. 그러나 이번에는 3개가 아니라 4개가 한 줄을 이루어야 합니다.

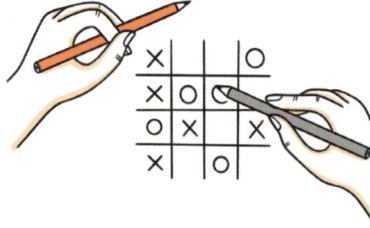

59 멀티 틱택토

최고 경지의 틱택토 게임입니다. 도전해 보고 싶어 손이 근질근질하지 않나요?

1 우선 이런 식으로 격자판을 그리세요.

2 첫 번째 참가자가 여러 칸 중 한곳에 기호를 그립니다.

각각의 칸에 작은 틱택토 격자가 들어 있는 초대형 틱택토 격자판

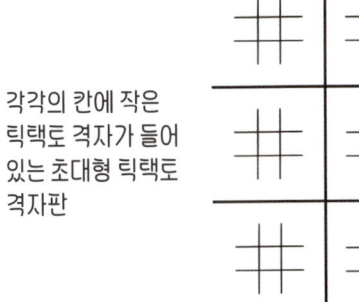
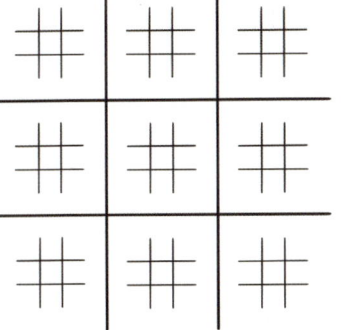
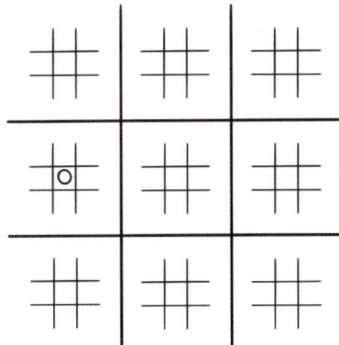

3 첫 번째 참가자가 미니 격자의 가운데 칸에 그렸다면 나머지 다른 참가자는 큰 격자의 가운데 칸에 자신의 기호를 그립니다.

4 차례가 올 때마다 이런 식으로 진행합니다. 한 사람이 미니 격자의 어느 칸에든 기호를 그리면 다른 사람이 다음에 사용할 커다란 격자 칸을 결정하게 됩니다.

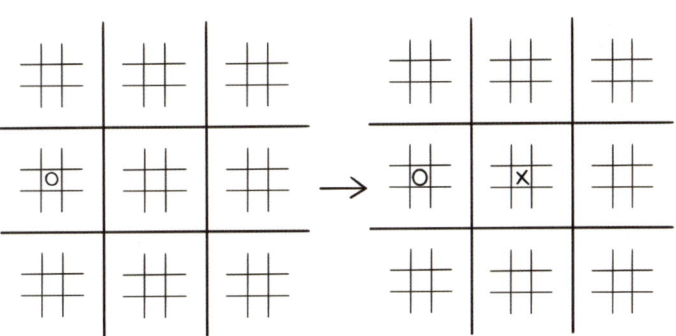

5 어떤 사람이 미니 격자에서 승리하면 격자 위에 그 사람의 기호를 그립니다. 만약 비겼다면 지워 버리세요.

6 이전에 놓은 수로 인해 이미 완성된 격자에서 진행해야 한다면 대신 다른 격자를 선택할 수 있습니다.

7 미니 격자 게임에서 많이 이겨 전체 게임에서 승리할 수 있도록 하세요!

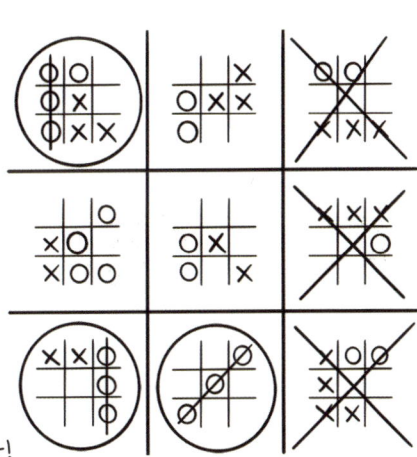

X가 이겼다!

60 전 함대, 공격하라!

상대방의 전함에 포를 쏜 뒤 얼마나 많이 침몰시킬 수 있는지 알아봅시다.

두 사람이 하는 게임입니다.

게임 준비

준비물
- 종이나 그래프용지 (추천)
- 펜 또는 연필

① 가능하면 그래프용지를 사용해서 게임 격자판을 그리세요. 각자 나란히 놓을 2장의 격자판 종이가 필요합니다. 다음과 같이 그리면 됩니다.

② 서로의 격자판을 볼 수 없도록 게임을 준비합니다. 예를 들어 둘 사이에 시리얼 상자를 두고 서로 맞은편에 앉을 수도 있겠지요.

③ 이제 각자 자신의 첫 번째 격자판 위에 다섯 개의 배를 임의의 위치에 그립니다.

전함 : 4칸

순양함 : 3칸

잠수함 : 2칸

예인선 : 1칸

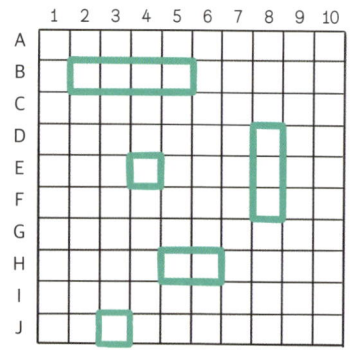

게임 방법

④ 본인의 차례가 되면, 'F5'와 같이 배의 이름을 말해 상대방 격자판에 있는 한 칸을 '사격'합니다. 상대는 총격이 배의 한 칸을 맞혀 명중했는지 아니면 빗나갔는지(바다로 떨어진 것임!)를 당신에게 답해 줍니다.

⑤ 그 결과를 당신의 두 번째 격자판에 기록하세요. 명중이었다면 F5 칸에 X 표시를, 빗나갔다면 O 표시를 합니다.

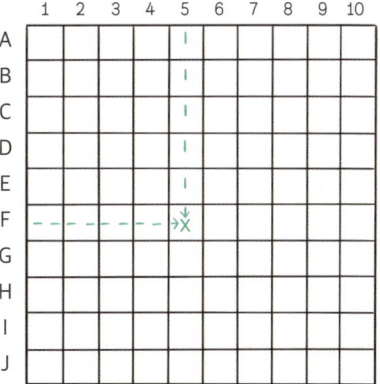

⑥ 그런 다음 상대가 당신의 격자 칸 중 하나를 겨냥합니다. 당신의 첫 번째 격자 칸을 보고 X 또는 O의 여부를 상대에게 말해 주세요. 상대가 당신의 배를 명중시켰다면 X를, 빗나갔다면 O라고 말해 주세요.

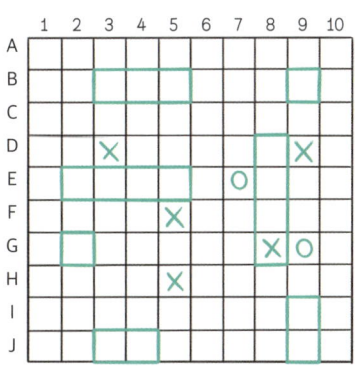
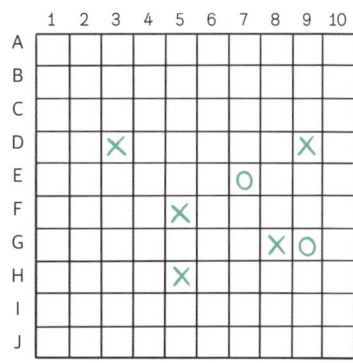

⑦ 교대로 진행하다 보면 격자판이 O와 X로 가득 차기 시작할 것입니다.

당신의 네모난 전함은 당신 함대의 자랑입니다. 상대방이 침몰시키면 다음과 같이 외칩니다.

⑧ 상대의 배가 놓인 칸을 모두 명중시키면 상대는 침몰합니다! 상대의 배를 먼저 모두 침몰시킨 사람이 승자입니다.

5장

생활 속
마법 도구 게임

61 구슬을 굴려라!

조준 능력과 숫자 감각이 동시에 필요한 간단한 표적 게임입니다.

준비물

- 커다란 판지 상자
- 가위
- 마커펜
- 책 몇 권
- 구슬 몇 개(또는 다른 작고 무거운 공)
- 게임을 진행할 수 있는 편평하면서도 매끄러운 표면
- 키친타월 속심(휴지심도 사용할 수 있지만 길면 길수록 좋음)

키친타월이나 포일 또는 랩의 속심을 사용하거나 좀 더 긴 속심을 사용해도 좋습니다.

게임 준비

1 어른의 도움을 받아 판지 상자의 윗부분 덮개를 잘라(버리지 말고) 둡니다.

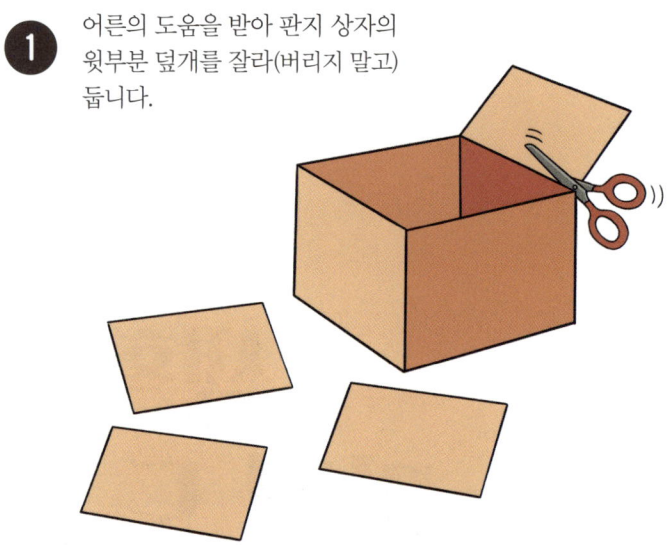

2 상자를 뒤집어 아랫부분을 따라 여섯 개의 터널 모양을 표시합니다.

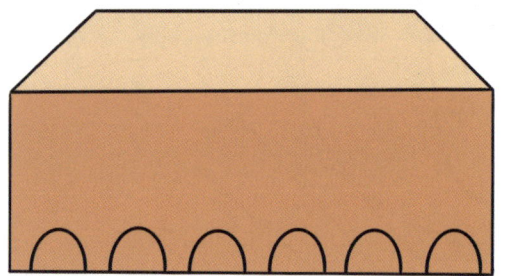

③ 모양대로 조심스럽게 잘라 여섯 개의 구멍을 만들고, 그 위에 5, 20, 50, 30, 15, 5의 숫자를 적어 표시합니다.

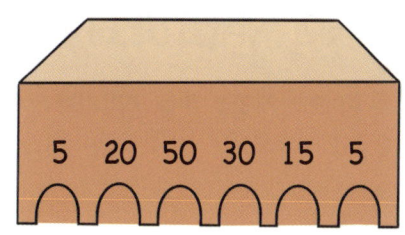

④ 이제, 속심을 쌓아놓은 책 위로 기울여 자연스럽게 아래로 향하도록 놓습니다. 표적 상자는 속심에서 1~2m 가량 떨어뜨려 놓은 다음, 구슬을 굴릴 준비를 합니다!

게임 방법

⑤ 속심 관으로 표적을 겨냥한 다음, 관을 통해 구슬을 굴려 진행합니다.

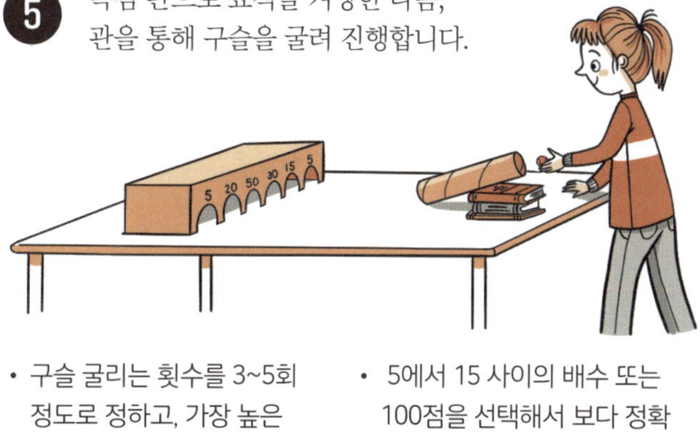

여러 명이 할 수 있는 게임입니다.

- 구슬 굴리는 횟수를 3~5회 정도로 정하고, 가장 높은 총점을 얻도록 해 보세요. 혼자 또는 여러 명과 교대로 해서 누가 가장 높은 점수를 얻는지 알아보세요.

- 5에서 15 사이의 배수 또는 100점을 선택해서 보다 정확한 점수를 획득하는 방식으로 진행합니다.

반드시 75점을 획득해야 해!

이렇게 하려면 예를 들어 50점, 15점, 10점 등을 조합하는 방식으로 총 75점을 만들어야 합니다.

62 준비하시고~ 쏘세요!

이 표적 게임은 구슬 굴리기보다 약간 더 어려워요.
왜냐하면 구슬을 지상으로 굴리는 것이 아니라 공중으로 날려서 쏘아야 하거든요.

게임 준비

1 숟가락 손잡이 중간 부분을 연필이나 젓가락에 대고 고무줄로 몇 번 칭칭 동여매어 고정시킵니다.

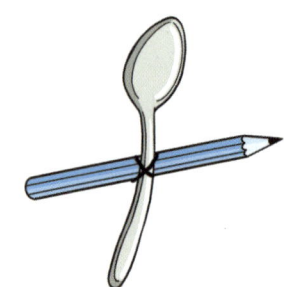

> 여러 사람이 함께 할 수 있는 게임입니다.

2 연필이나 젓가락의 양 끝을 상자 양쪽에 밀어 끼웁니다. 어렵다면 처음에는 어른에게 상자 양쪽에 구멍을 내달라고 도움을 요청하세요.

준비물

- 작은 상자
- 중간 크기의 숟가락
- 연필 또는 젓가락
- 가위
- 고무줄
- 종이 집게
- 테이프
- 솜뭉치나 미니 털실 방울 또는 구겨진 종이 뭉치와 같이 무해한 탄알
- 표적으로 쓸 상자 또는 오목한 그릇

3 숟가락 손잡이 끝에 고무줄 한쪽 끝을 묶습니다. 어른의 도움을 받아 연필이나 날카로운 가위를 이용해 상자 아래쪽에 구멍을 만듭니다. 구멍을 통해 고무줄의 다른 한쪽 끝을 통과시키세요.

고무줄에 종이 집게를 건 다음, 테이프를 붙여 바닥에 고정시킵니다.

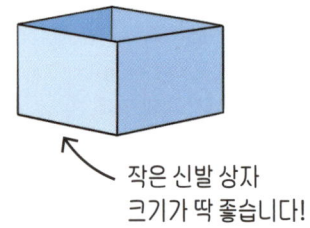

작은 신발 상자 크기가 딱 좋습니다!

게임 방법

4 이제 숟가락을 아래로 향하도록 누른 다음, 손을 떼어 그 반동으로 숟가락을 다시 일으켜 세울 수 있도록 합니다!

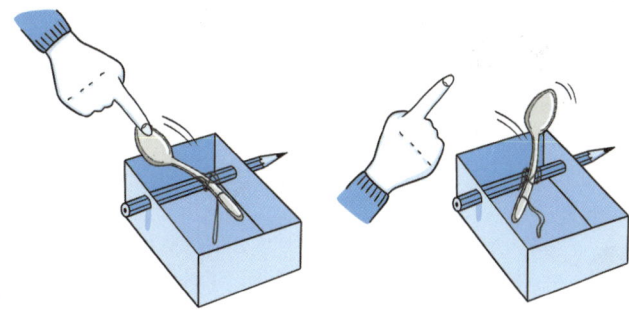

5 작은 플라스틱 음식 상자나 종이 그릇 또는 판지 상자와 같은 표적들이 필요합니다. 10점, 20점, 50점, 100점과 같이 표적별로 다른 점수를 매겨 표시한 다음, 발사기로부터 2~3m 정도 떨어뜨립니다. 높은 점수를 매긴 표적을 더 멀리 두세요!

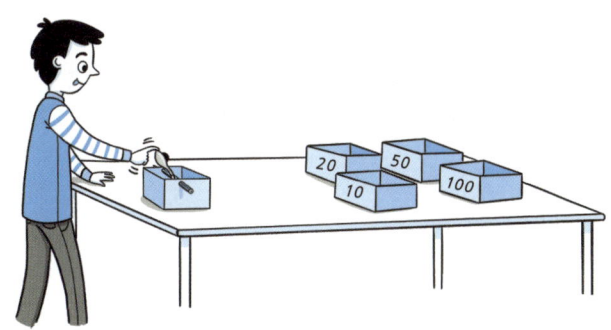

6 숟가락의 우묵한 곳에 탄알을 두고 조준 후 발사하세요! 얼마나 많은 점수를 획득했나요?

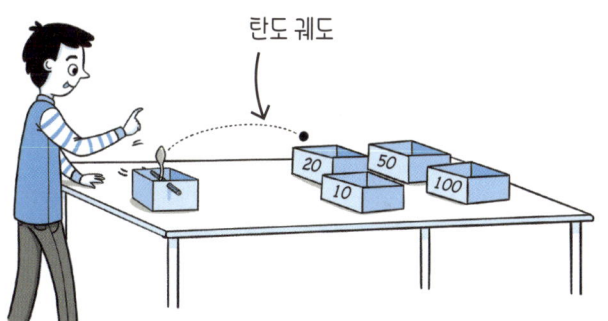

탄도 궤도

게임 속 과학

'탄도학'이라고 하는, 일종의 수학과 관련이 있는 게임입니다.
숟가락을 얼마나 당겨야 탄알이 적당한 거리를 날아가 표적을 맞힐지 계산할 수 있어야 합니다. 탄알을 날리면 탄알은 '탄도 궤도'라고 하는 부드러운 곡선을 그리며 공중을 날아갑니다.

63 헥스타일

도미노와 같은 유형의 '헥스타일Hextiles' 게임입니다.
다만 도미노가 아닌 육각형으로 하는 게 차이점이죠!

게임 준비

1 우선, 육각형 모양의 타일을 만듭니다. 대략 20~30개 정도면 충분하지만 더 많이 만들어도 괜찮습니다. 다음의 육각형 모양을 투사지나 황산지에 연필과 자를 사용해 본을 뜨고 잘라낸 후 판지 위에 대고 그려 보세요.

> 1~4인용으로 알맞은 게임이지만 타일이 충분한다면 더 많은 사람이 함께 할 수 있습니다.

준비물

- 오리기 쉬운 얇은 판지(하얀색 공예 판지가 가장 좋지만 시리얼 상자나 다른 판지 상자도 좋아요.)
- 연필
- 자
- 가위
- 투사지 또는 황산지
- 여러 가지 색의 마커펜

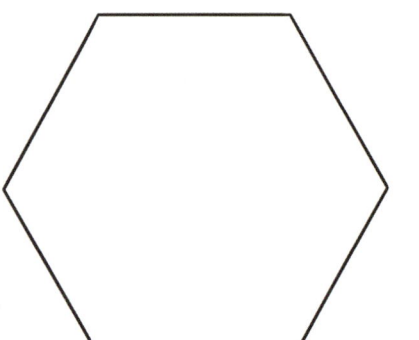

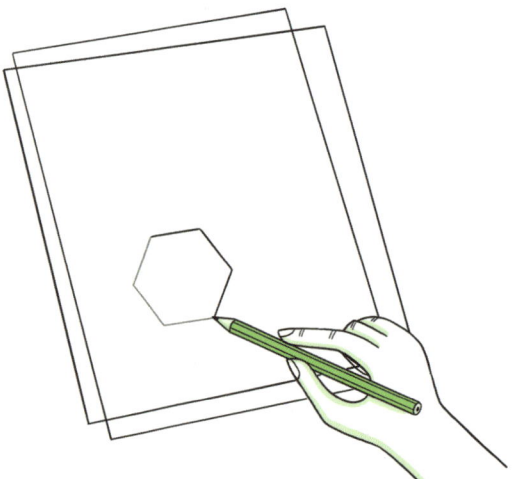

2 각각의 육각형 타일을 조심스럽게 오려냅니다. 그런 다음 이와 같이, 중앙을 가로질러 육각형의 각 모서리에 닿도록 선을 여러 개 그립니다.

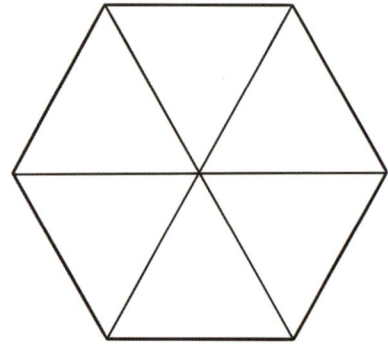

③ 이제 마커펜으로 각각의 삼각형을 여러 가지 색으로 채웁니다.

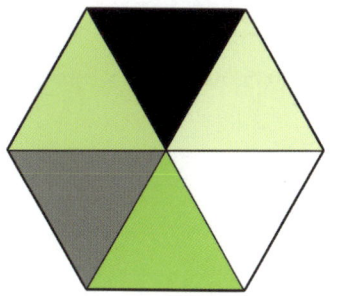

④ 모든 육각형을 이렇게 칠해 주세요. 각각의 육각형에 여섯 가지 다른 색의 삼각형이 생길 것입니다. 색을 칠하는 순서는 중요하지 않습니다. 20개 이상 만들었다면 게임을 시작할 수 있습니다.

게임 방법

⑤ 게임 참가자들끼리 육각형을 공평하게 나눠 가지세요.

⑥ 그런 다음 번갈아 편평한 표면 위에 타일을 놓습니다.

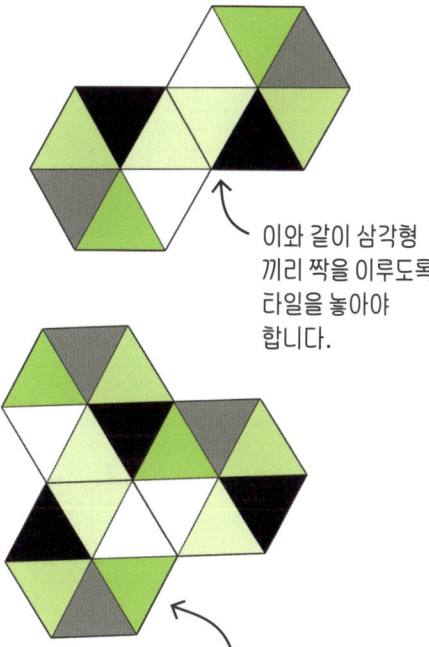

이와 같이 삼각형끼리 짝을 이루도록 타일을 놓아야 합니다.

이와 같이 동시에 2개의 삼각형을 매치시킬 수도 있습니다.

⑦ 하나의 삼각형을 매치시키면 1점을 득점하고, 두 개의 삼각형을 매치시키면 2점을 얻게 되는 식입니다! 타일을 모두 사용하고 나서 더 많은 득점을 한 사람이 승자입니다.

64 보물섬 지도

보물이 숨겨져 있는 곳을 나타내는 단서들을 여기저기 배치하고, 누가 먼저 찾는지 대결해 보세요.

숨겨진 보물 문제를 친구에게 내 보거나 두 사람이 서로를 위해 문제를 내도 좋습니다.

준비물
- 그래프용지
- 자
- 펜과 연필
- 크레용

게임 준비

1 종이에 지도용 격자를 표시하면서 시작합니다. 가로 15cm와 세로 20cm의 커다란 상자를 그립니다. 그래프용지가 있으면 간단하지만, 없다면 자를 사용해 1cm 간격으로 직접 수평선과 수직선이 교차하도록 그려줘야 합니다.

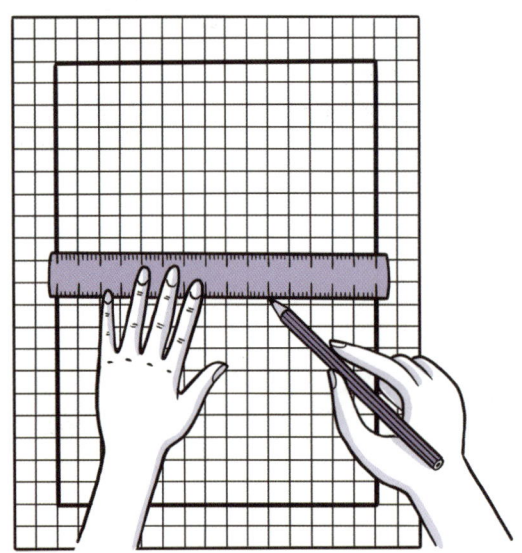

2 그림과 같이 가로는 1부터 15까지 숫자를, 세로는 A부터 T까지 문자를 써 넣습니다.

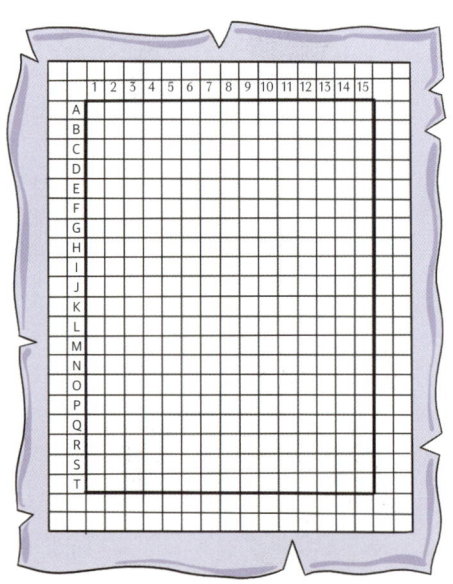

③ 이제 격자판에 버려진 보물섬 지도를 그립니다. 모래로 뒤덮인 만, 절벽, 산, 화산, 숲, 폐허가 된 건물 등 자신이 원하는 대로 세세한 사항을 덧붙입니다. 동서남북을 나타내는 나침반을 그려 넣으세요. 원한다면 각 장소에 이름을 붙여도 좋습니다.

게임 방법

④ 보물을 숨길만 한 최적의 장소가 어느 칸인지 결정하고 게임을 진행합니다. 지도에는 표시하지 않고, 별도의 종이에 예를 들어 I9와 같은 식으로 좌표를 적어 놓습니다.

⑤ 그런 다음 친구가 보물을 찾을 수 있도록 여러 정보를 적습니다.

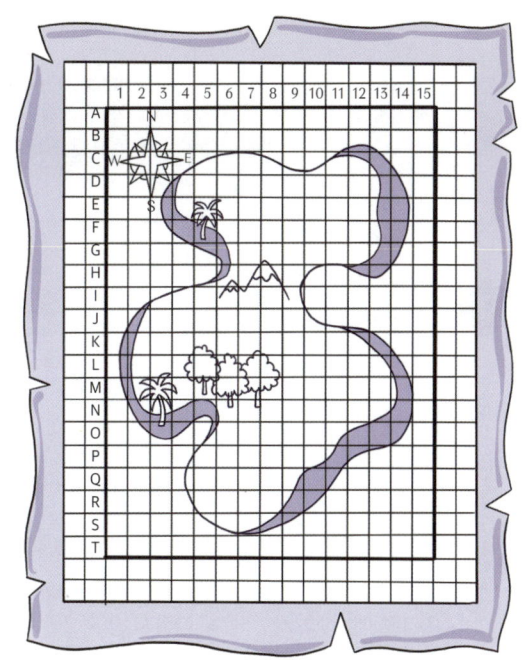

이와 같은 식이 될 수 있겠죠.

- K1에 당신의 보트를 정박하시오.
- 동쪽으로 6칸 가시오.
- 시계방향으로 4분의 1 회전하시오.
- 세 칸 앞으로 걸어가시오.
- 이제 북쪽으로 방향을 돌리시오.
- 산에 도달할 때까지 직선으로 걸어가시오.
- 좌회전하시오.
- 뒤로 두 칸 걸어가시오.
- 당신은 보물 위에 서 있습니다!

⑥ 친구는 보물 칸을 찾기 위해 모든 정보를 정확하게 따라야 합니다. 그렇게 할 수 있을까요?

65 수열 점잇기

'수학 점잇기' 퍼즐을 만들어 친구에게 풀어보라고 하세요.

게임 방법

1 문제를 만들기 전에 우선 게임 방법을 기억하세요.

준비물
- 종이
- 연필

- 단순히 점을 잇는 것이 아니고 연속성 있는 숫자들을 찾아내야 합니다.

- 이 퍼즐에는 2에서 50까지의 짝수들이 있습니다.

- 따라서, 먼저 2를 찾아낸 다음 그곳에서 시작합니다.

- 그런 다음, 4를 찾아 선을 이은 후 6, 8, 10을 찾아 차례로 선을 잇습니다.

친구를 위해 문제를 내거나 둘 이상이 모여 서로 문제를 내도 좋아요.

2 어떤 그림을 이용할 것인지 결정합니다. 예를 들면 고양이 같은 것이죠.

종이에 연필로 고양이 모양을 하나의 선으로 간단히 그립니다.

3 그 라인을 따라 펜으로 점을 찍습니다.

모서리에 점을 찍고······ 곡선을 따라 점을 찍습니다.

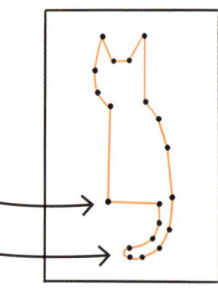

4 찍은 점들에 수열에 따라 숫자를 씁니다. 위에서 예로 언급한 대로 짝수를 써도 좋고 또다른 규칙에 따라 써도 좋습니다.

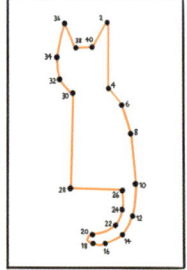

5 이제 연필로 그린 선은 지우고 점만 남겨둡니다.

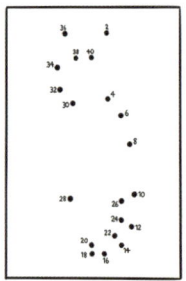

2 4 6 8 10 12 14 16 18 20 22 24

❻ 마지막으로 종이에 다른 점들을 채워 거기에도 역시 숫자를 씁니다. 이때는 그림에 사용한 수열의 숫자를 써서는 안 됩니다.

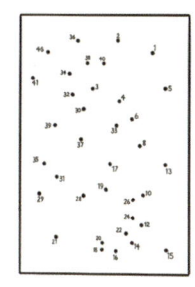

⑥⑥ 더 어려운 점잇기

훨씬 더 어려운 점잇기 문제가 있군요!

❶ 이전 게임에서처럼 연필을 이용해 간단한 그림을 그려 주세요.

❷ 선을 따라서 그리고 모서리에도 펜으로 점을 찍어 주세요.

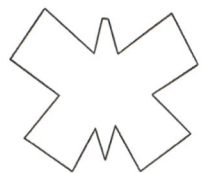

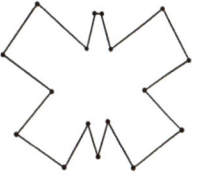

❸ 그런 다음 숫자를 적어주는데, 이번에는 완전히 임의로 적습니다. 예를 들어 다음과 같은 숫자들을 사용할 수도 있습니다.

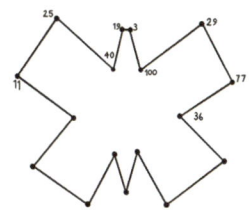

| 11 | 25 | 40 | 19 | 3 | 100 | 29 | 77 | 기타 |

❹ 연필 선을 지우기 전에 이와 같이 오른쪽에 있는 순서대로 숫자를 써주세요.

11
25
40
19
3
100
29
77

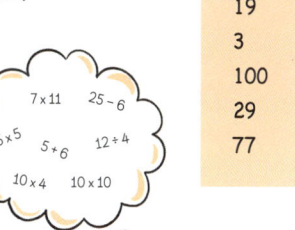

❺ 이제 각각의 숫자를 방정식으로 바꿔 줍니다. 예를 들어 첫 번째 숫자인 11은 6+5라는 식으로 바꿀 수 있겠죠.

1. 6 + 5
2. 5 × 5
3. 10 × 4
4. 25 − 6
5. 12 ÷ 4
6. 10 × 10
7. 5 + 16 + 8
8. 7 × 11

❻ 모든 숫자들을 이런 식으로 바꿔 줍니다. 그런 다음 연필 선을 지우고 그림에 더 많은 점들을 추가하세요. 이러한 점들에는 이미 사용했던 숫자가 아닌 다른 숫자들을 임의로 써 줍니다.

친구는 당신이 낸 퍼즐을 풀 수 있을까요?

67 3차원 틱택토

여러분은 틱택토 게임을 잘 알고 있겠지요?
그렇다면 3차원으로 된 틱택토 3D Tic-Tac-Toe 게임도
할 수 있을까요?

두 사람이 하기에
알맞은 게임입니다.

게임 준비

준비물
- 골판지 상자
- 자
- 가위
- 풀
- 연필 또는 젓가락 4개
- 빨간색과 검은색 마커펜

❶ 펜과 자를 이용해 판지에 6개의 정사각형을 그립니다. 가로세로 12cm의 크기로 그린 다음, 어른의 도움을 받아 조심스럽게 오려 냅니다.

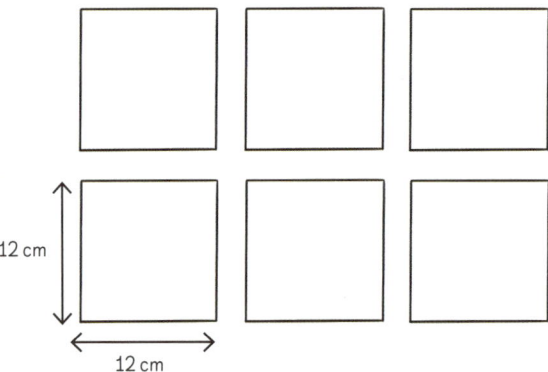

❷ 그중 3개의 사각형 위에, 9칸의 격자판을 그립니다.

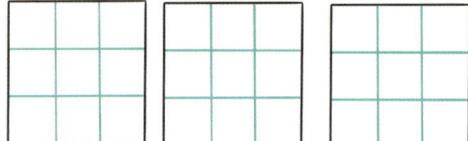

❸ 그런 다음 모든 칸 안에 동그라미를 그립니다. 동전을 이용하면 더 쉽게 그릴 수 있습니다.

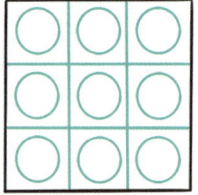

❹ 날카로운 가위로 동그라미를 오려 내야 하므로 어른에게 도움을 요청하세요.

5 격자판이 없는 민무늬 판지 사각형을 가져와 풀로 붙여 하나의 무더기를 만드세요.

6 그런 다음, 구멍이 뚫린 사각형 판지 중 하나를 가져와 무더기 위에 풀로 붙이세요.

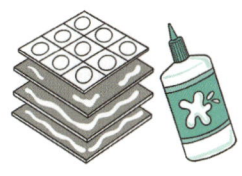

7 이제 4개의 연필이나 젓가락으로 다른 두 사각형 판지 중 한 판지의 모서리들을 뚫어 통과시키세요.

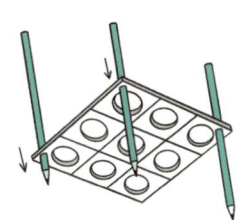

8 그런 다음, 나머지 한 판지의 모서리들도 뚫어 통과시킵니다.

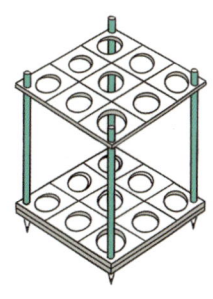

9 마지막으로, 무더기 판지도 뚫어 통과시킵니다.

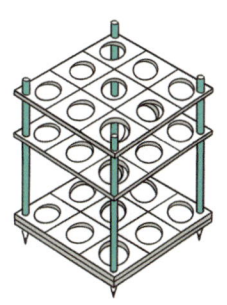

10 한 판지는 연필 중간에, 다른 하나는 위에 오도록 정렬시킵니다.

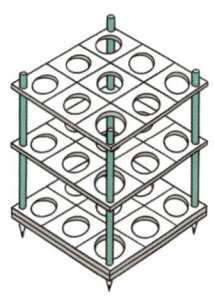

게임 방법

11 판지를 오려 동그라미와 십자 모양 조각을 각각 15개씩 만듭니다. 빨간색 마커펜으로는 X를, 검은색으로는 O를 표시합니다.

12 평범한 틱택토 게임과 마찬가지로 두 사람이 교대로 자신의 기호를 판지에 놓으며 게임을 진행합니다. 그러나 3개의 기호로 한 줄을 만드는 방법은 훨씬 더 많이 생기겠죠!

모든 단계에서 3개의 줄을 연속으로 만들 수도 있고, 3개의 줄을 세로로 겹치게 만들 수도 있으며, 위에서 아래로 대각선 줄을 만들 수도 있습니다.

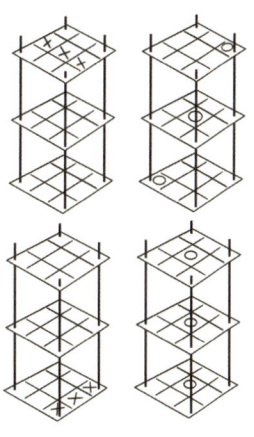

111

68 사각 우물고누

매우 간단하고 가볍게 즐길 수 있는 수학 게임으로, 어디서든 시작할 수 있습니다.

게임 방법

1 종이에 대략 12cm의 선을 긋습니다. 같은 길이로 2개의 선을 더 추가해서 3개의 변만 있는 사각형을 만드세요.

> 두 사람을 위한 게임입니다.

2 중간을 가로지르는 대각선을 2개 추가하세요. 그런 다음 모든 모서리에 점을 그립니다.

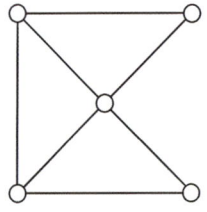

준비물
- 종이
- 연필
- 자
- 게임용 돌(2가지 색 각각 2개씩)

3 다른 게임에서 쓰던 칩이나 단추 또는 그냥 종이로 만든 것을 게임용 돌로 사용합니다.

4 이와 같이 칩을 올려 시작 위치를 잡습니다. 각자 자신의 색을 고릅니다.

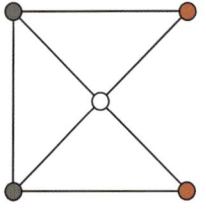

5 본인의 차례가 되면, 칩 하나를 오직 한 선을 따라 비어 있는 점으로 옮길 수 있습니다(점을 그냥 지나친다거나 다른 칩을 넘어갈 수 없습니다).

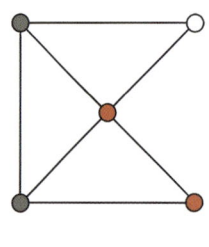

게임 속 과학

이기는 사람 없이 영원히 지속할 수도 있는 게임입니다. 그러나 실수를 저지른다면 꼼짝없이 갇히고 말 것입니다.

6 가로막혀 더 이상 움직일 수 없는 사람이 나올 때까지 번갈아 진행합니다.

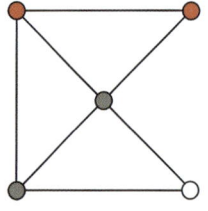

69 하와이 루루

특별한 칩을 사용하여 완전히 운에 의존하는 흥미로운 게임입니다!

게임 준비

1. 8겹으로 접은 판지 위에 동전을 대고 그린 다음, 동그랗게 오려 8개의 조각을 만듭니다. 2개씩 앞뒤로 붙여 두꺼운 칩 4개를 만듭니다.

여러 명이 할 수 있는 게임입니다.

준비물
- 두꺼운 판지
- 연필
- 가위
- 풀
- 펜
- 본을 따라 그릴 동전

2. 각각의 칩 한쪽 면에 다음과 같은 4개의 패턴을 그립니다.

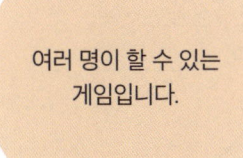

게임 방법

3. 게임 참가자들이 교대로 칩들을 던집니다. 차례대로 2번의 던질 기회가 있습니다.

- 첫 번째 던졌을 때 일부 칩들이 뒤집혀서 떨어지면, 그 칩들을 주워 다시 던집니다. 그런 다음 얼마나 많은 점수를 얻었는지 셉니다.
- 모든 칩들이 앞면으로 떨어지면, 10점을 득점한 후 다시 던집니다. 두 번째 던져 나온 점수를 같이 합해 줍니다.
- 게임을 진행하면서 각자 자신의 점수를 더해 갑니다.

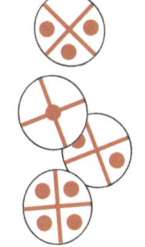

먼저 100점에 도달하는 사람이 승자입니다!

70 쉬시마

틱택토와 우물고누를 합한 것 같은 게임으로, 케냐에서 유래되었습니다.

게임 준비

1 '쉬시마Shisima'는 여덟 개의 선이 가운데로 모이고 그곳에 작은 호수가 있는 팔각형 모양의 보드에서 진행합니다. 다음과 같은 모양입니다.

두 사람을 위한 게임입니다.

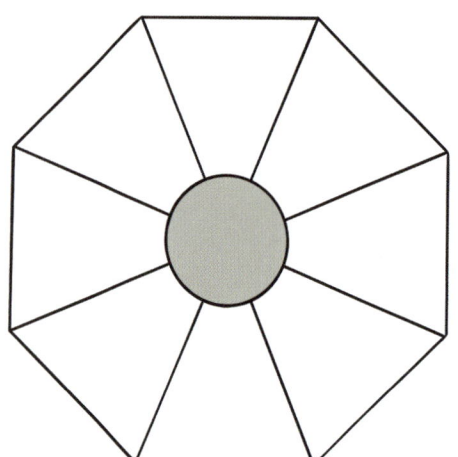

준비물

- 종이
- 연필
- 자
- 펜
- 6개의 칩(2가지 색 각각 3개씩)

2 자와 연필을 사용해서 종이에 이 보드를 복사하고 호수에 색을 칠하세요. 게임용 돌로는 단추를 사용해도 좋고 다른 게임에서 쓰는 칩, 또는 판지나 종이로 직접 만든 칩을 사용해도 좋습니다.

3 보드 위 맞은편에 각자 돌을 나란히 3개씩 놓고 준비를 합니다.

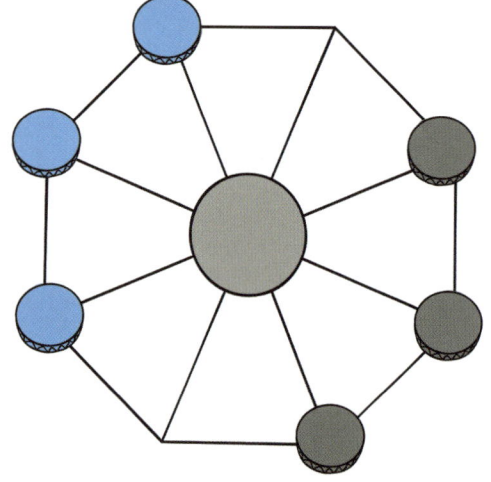

게임 방법

4 각자 자신의 돌을 정해야 합니다. 누가 먼저 할 것인지 정한 다음, 교대로 진행합니다.

차례가 되면, 다른 모서리 또는 중앙으로 이어진 선을 따라 돌을 움직일 수 있습니다.

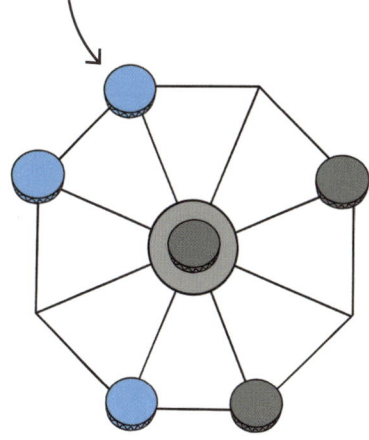

5 3개의 돌 중 하나를 중앙에 두고 전체 돌이 직선이 되도록 먼저 만든 사람이 승자입니다.

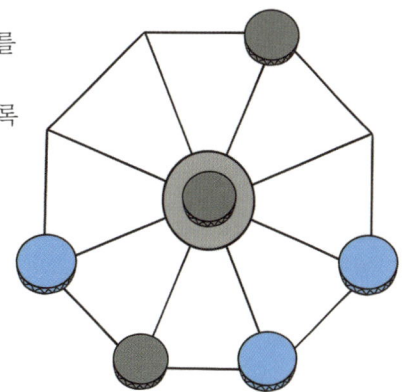

한 번에 한 칸씩만 움직일 수 있으며 넘어갈 수는 없습니다.

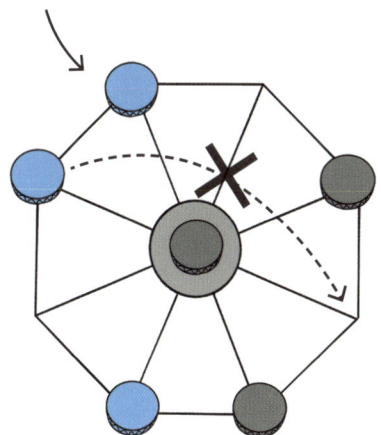

게임 속 과학

본인의 돌 중 하나는 반드시 중앙에 두어야 이길 수 있습니다. 그러나 중앙으로 너무 일찍 움직이면 꼼짝 못 하게 되어 다시 빠져나와야 하는데, 이때 상대가 중앙으로 재빨리 파고들 기회를 주게 되어 위험합니다! 몇 번 해 보고 나면 필승 전략을 알아낼 수 있을 거예요.

71 나 홀로 돌

한 자리만 남을 때까지 서로의 돌을 뛰어넘는 흥미진진한 게임입니다.

혼자 하는 게임입니다.

게임 준비

1 판지를 가로세로 각 25cm 길이로 측정해서 오리세요.

> **준비물**
> - 판지
> - 가위
> - 연필
> - 자
> - 마커펜
> - 작은 동전이나 단추 또는 칩 32개

2 판지 중앙에 각 변이 약 17.5cm 되는 작은 사각형을 그리세요.

3 이와 같이 연필 선으로 가로 7칸과 세로 7칸으로 나누세요. 각 칸의 길이는 대략 2.5cm가 되어야 합니다.

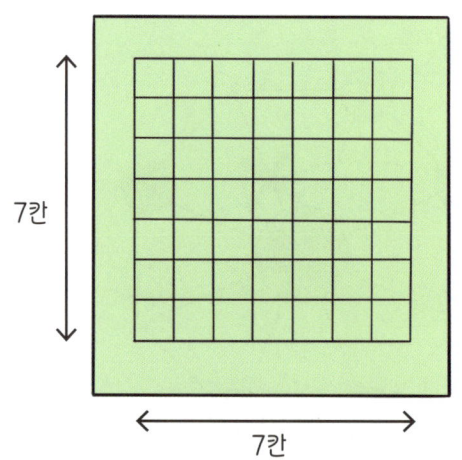

4. 이와 같은 패턴이 되도록 마커펜으로 일부 칸에 점을 찍으세요. 각 모서리에 있는 4칸에는 색을 칠해서 게임이 진행되는 부분과 구별하도록 합니다.

5. 보드 위에 33개의 점이 있지만 갖고 있는 돌은 32개뿐입니다. 중앙에 있는 점은 제외하고 각 점 위에 돌을 두세요. 이제 게임을 시작할 준비가 되었습니다.

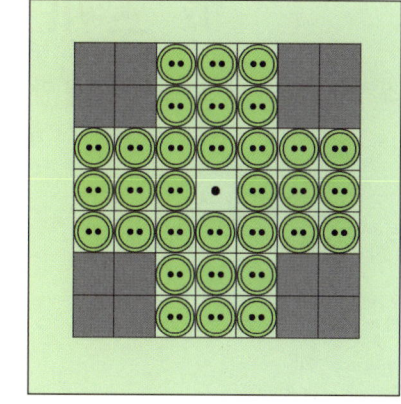

게임판이 마련되었네요!

게임 방법

6. 돌을 집어 수평선이나 수직선으로 움직이되 바로 옆의 돌을 건너 빈 공간으로 움직이는 방식으로 수를 둡니다. 그런 다음, 자신이 뛰어넘은 돌을 보드에서 가져옵니다.

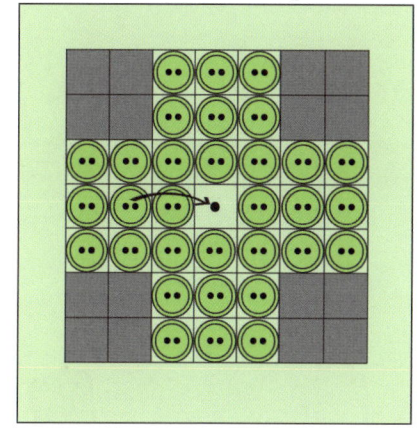

시작할 때 반드시 한 곳이 비어 있어야 합니다. 뛰어넘어 빈 곳으로 가야만 하니까요. 그러나 돌이 점점 제거될수록 더 많은 기회가 생길 거예요.

7. 오직 하나의 돌만 남기고 모든 돌을 보드에서 제거하는 것이 목표입니다.

게임 속 과학

쉬운 게임처럼 보이겠지만 조심해야 해요! 주의를 기울이지 않으면 다른 돌들과 멀리 떨어져서 뛰어넘지도 못하고 고립된 채 끝날 수도 있으니까요.

72 스키테일 암호

'스키테일Scytales'은 암호 메시지를 만드는 데 매우 뛰어난 도구입니다.
고대 그리스에서 발명되었습니다.

게임 방법

① 종이를 약 1~2cm 너비로 좁고 길게 자르세요. 이와 같이 긴 종이끈을 만드는 한 가지 방법은 A4 용지를 한 방향으로 길게 잘라 주는 거예요.

② 암호 메시지를 만들기 위해서는 긴 원통 모양의 물건이 필요해요. 여기서는 은박 포장지 속심을 사용했어요.

③ 종이끈의 한쪽 끝을 원통의 한쪽 끝에 테이프로 붙여 주세요.

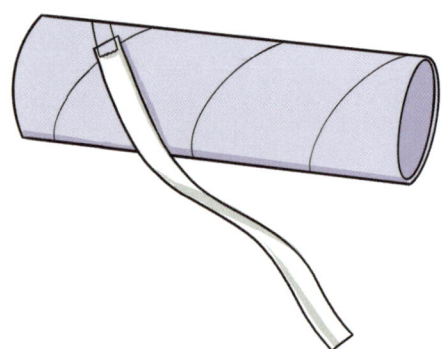

> 스키테일을 사용해 암호 메시지를 만들어 친구나 가족들에게 풀어 보라고 하세요.

준비물

- 종이
- 가위
- 테이프
- 펜
- 휴지심 같은 원통 모양의 물건
- 곧은 손잡이가 있는 나무 숟가락
- 펜과 연필 또는 밀대

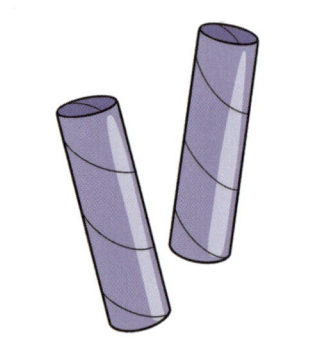

4 그런 다음 종이끈을 원통에 나선형 모양으로 깔끔하게 감아 주세요.

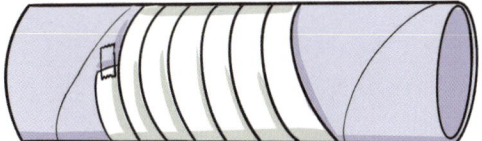

5 이제 원통을 따라 당신의 암호 메시지를 적을 수 있습니다. 종이의 각 부분에 따로 한 글자씩 적는 거예요.

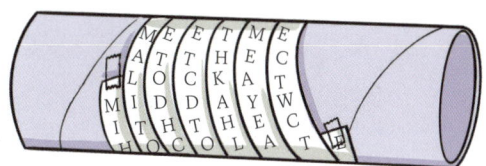

6 메시지를 뒤섞기 위해 종이끈을 조심스럽게 풀어 깔끔하게 접으세요.

7 이런 형태에서는 종이끈에 적힌 글자들을 이해하기가 매우 어렵습니다. 이 메시지를 읽는 방법은 끈을 다시 원통에 감거나 정확히 같은 너비의 다른 원통에 감는 수밖에 없습니다.

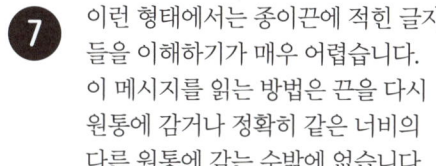

다른 사이즈의 원통을 사용하게 되면 효과가 없어요!

그리스에서 그랬던 것처럼 멀리 떨어져 있는 사람에게 메시지를 보내기 위해서는, 두 사람 모두 같은 종류의 원통이 필요해요. 한 사람은 메시지를 암호화하기 위해서, 상대는 암호를 해독하기 위해서 원통을 사용했답니다.

8 친구에게 서로 다른 크기의 원통을 몇 개 주고, 맞는 원통을 찾아 메시지를 해독해 보라고 문제를 낼 수도 있습니다.

아테네는 이 방향입니다! →

73 버즈를 외쳐라!

7단 곱셈표를 기억하는 데 상당히 도움이 되는 게임입니다!

게임 방법

1 모두가 둥그렇게 원을 이뤄 선 다음, 번갈아 그룹 내 누군가에게 공이나 오자미를 던집니다. 던지면서 1부터 셉니다. 그러니까 처음 던지는 사람이 '하나'라고 외치고 두 번째 던지는 사람이 '둘'이라고 외치는 식입니다 (누군가 공을 떨어뜨려도 괜찮아요. 그냥 주워서 다시 던지면 됩니다!).

준비물
- 테니스공 또는 오자미
- 모든 사람이 커다란 원을 이루고 설 수 있는 공간

이 게임은 두 사람 이상 몇 명이든 가능합니다.

2 그런데 7단 숫자가 되면, 숫자를 외치지 않습니다. 대신, 이렇게 외쳐야 해요……. "버즈!"

3 만약 누군가 잊고 숫자를 말했다면 모든 사람이 함께 "버즈!"라고 외치고 그 사람은 게임에서 탈락 됩니다.

이렇게도 해 보세요!
7단을 완벽하게 할 수 있다면 5단이나 8단 또는 11단 같이 다른 단으로 바꿀 수도 있어요. 만약 너무 쉽다면 100부터 시작해서 거꾸로 내려오는 방식을 시도해 보세요!

구구단

재빨리 기억나게 해 줄 만한 것이 필요한가요? 다음은 7단에 있는 숫자들입니다.

1 2 3 4 5 6 ⑦ 8 9 10 11 12 13 ⑭ 15 16 17 18 19 20 ㉑ 22 23 24 25 26 27 ㉘
29 30 31 32 33 34 ㉟ 36 37 38 39 40 41 ㊷ 43 44 45 46 47 48 ㊾ 50 51 52
53 54 55 ㊽ 57 58 59 60 61 62 ㊽ 64 65 66 67 68 69 ㊹ 71 72 73 74 75 76
㊻ 78 79 80 81 82 83 ㊼ 85 86 87 88 89 90 ㊙ 92 93 94 95 96 97 ㊾

74 멀티버즈 게임

아마 잘 아시겠지만 이 게임은 버즈 게임과 유사해요. 그러나 훨씬 더 어려워요.

1 이번에는 한 단으로만 진행하는 것이 아니라 동시에 두 단으로 진행하는 거예요. 예를 들어 7단과 10단을 동시에 할 수 있어요.

2 규칙은 버즈 게임과 똑같아요. 다만 숫자가 7단 또는 10단에 해당할 경우 "버즈!"라고 외쳐야 해요.

3 가령 '70'과 같이 두 단에 모두 해당하는 숫자인 경우에는 "멀티버즈!"라고 외치면 됩니다.

"멀티버즈!"

75. 백투백, 등 뒤의 숫자 맞히기

초스피드 수학 감각이 필요한 찰나의 게임! 순발력을 발휘해 보세요!

준비물

- 칠판 또는 화이트보드(혹은 종이를 테이프로 붙일 만한 벽이나 글씨를 적을 만한 곳)
- 분필이나 마커펜
- 계산기

학급 친구들과 같이 20명 이상의 큰 모둠에 적당한 게임입니다. 하지만 세 사람만 있어도 재미있게 할 수 있답니다.

게임 방법

1 서로 시합할 두 사람을 선택하세요. 두 사람은 벽이나 보드 앞에서 서로를 외면한 채 등을 맞대고 섭니다. 나머지 사람들은 진행되는 상황을 볼 수 있도록 보드를 마주보고 앉습니다.

2 그룹 내 한 사람을 '게임 진행자'로 선정합니다. 선정된 사람이 '시작!'하고 외치면 게임 참가자들은 옆에 있는 보드에 재빨리 한 숫자를 적어야 합니다. 상대방의 숫자를 볼 수 없도록 계속 서로 외면하고 있어야 합니다.

③ 이제 게임 진행자는 두 숫자를 더하거나 곱해야 합니다(계산이 어렵다면 계산기를 사용해도 좋습니다). 게임 진행자는 게임 참가자들에게 답을 말해 줍니다.

④ 이제 두 사람은 상대방의 숫자를 되도록 빨리 알아내야 합니다! 자신의 숫자가 무엇인지 알기 때문에 상대의 숫자를 알아낼 수 있습니다.

⑤ 상대의 숫자를 먼저 외치는 쪽이 승자입니다. 맞게 외친 사람은 자리에 계속 머물지만, 패자는 다른 사람에게 자리를 내주어야 합니다.

76 내 번호를 맞혀 봐

누가 먼저 비밀번호를 맞힐까요?
질문을 잘 하면 답을 더 빨리 맞힐 수도 있습니다.

게임 준비

1 1부터 100까지의 모든 숫자가 들어가는 10×10의 커다란 격자판이 필요합니다. 격자판은 커다란 종이나 화이트보드나 칠판에 그려도 되고, 또는 모든 사람들이 각자 소형 판을 갖고 있어도 가능합니다.

1	2	3	4	5	6	7	8	9	10
11	12	13	14	15	16	17	18	19	20
21	22	23	24	25	26	27	28	29	30
31	32	33	34	35	36	37	38	39	40
41	42	43	44	45	46	47	48	49	50
51	52	53	54	55	56	57	58	59	60
61	62	63	64	65	66	67	68	69	70
71	72	73	74	75	76	77	78	79	80
81	82	83	84	85	86	87	88	89	90
91	92	93	94	95	96	97	98	99	100

준비물

- 화이트보드, 칠판 또는 커다란 종이
- 마커펜이나 펜 또는 칠판을 사용할 경우에는 분필!

이 게임은 5명 이상이 하기에 적당합니다.

게임 방법

2 한 사람이 '게임 진행자'로 선정됩니다. 진행자는 머릿속으로 1부터 100까지의 숫자 중 하나를 생각합니다.

3 일단 한 숫자를 선택하면 다른 사람들은 번갈아 그 숫자에 대해 질문을 던집니다. 그들은 나름대로 추측할 수 있겠죠. 또는 다음과 같이 더욱 일반적인 질문을 할 수도 있습니다.

45인가요?

30보다 적은 수인가요?

홀수인가요?

10단에 속한 숫자인가요?

4 진행자는 질문이 들어올 때마다 답을 한 다음, 어느 숫자가 가능성이 있는지를 보여 주는 격자판에 표시를 합니다. 예를 들어, 질문이 '30보다 아래 수인가요?'라고 가정해 봅시다.

5 '10단에 속한 숫자인가요?'라는 질문에 답이 '예스(예)'라면 해답은 40, 50, 60, 70, 80, 90, 100 중에 하나가 되겠죠. 따라서 진행자는 이러한 모든 숫자에 동그라미 표시를 합니다.

답이 '노(아니오)'라면, 진행자는 30 아래의 숫자들에 모두 가위표를 합니다.

6 마침내 정답은 몇 개의 숫자로 압축이 될 것이고, 추측하기는 더욱 쉬워질 것입니다. 먼저 정답을 맞힌 사람이 진행자가 되어 그다음 숫자를 선정하게 됩니다.

각자 자신의 소형 격자판을 갖고서 자신이 직접 가위 표시를 하거나 동그라미 표시를 해도 됩니다.

이렇게도 해 보세요!
격자판이 없어도, 예를 들어 차를 타고 가는 경우에도 이 게임을 즐길 수 있습니다. 그렇지만 게임은 훨씬 더 어려워지겠죠. 왜냐하면 모든 질문과 대답을 기억하고, 어느 숫자가 가능한지도 기억해야 하니까요.

77 30까지 세기

30까지 센다고요? 너무 쉽게 들리지 않나요?
아마 이런 게임이 아니라면 "30!"을 외치는 사람은 없을 거예요.

10~20명 사이의 사람들이 하기에 적당한 게임입니다.

준비물
- 게임을 같이 할 친구들
- 지적 능력!

게임 방법

1 모두 둥글게 둘러앉은 후, 게임을 시작할 한 사람을 고릅니다.

2 1부터 위로 숫자를 세어 나가는데, 하나나 둘 또는 세 개의 숫자까지만 고를 수 있습니다.

3 둥그렇게 앉은 상태로 게임을 진행합니다. 직전까지 언급된 숫자에 이어서 진행하고 하나를 택할지 둘이나 셋을 택할지는 자신의 마음대로입니다.

따라서 게임은 이런 식으로 진행될 것입니다.

······과 같은 식입니다!

4 누구든 '30'을 외치는 사람은 탈락입니다. 끝까지 싸울 두 사람만 남을 때까지 게임을 계속합니다!

78 느리게 그리기

여러분이 어떤 숫자를 그리는지 모르도록
사람들을 속일 수 있나요?

학급 친구들이 모두
같이 하기에
적당한 게임입니다.

준비물

- 칠판이나 화이트보드 또는 벽에 테이프로 고정할 커다란 종이
- 분필 또는 마커펜

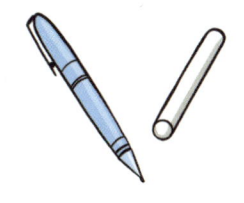

게임 방법

1 최대한 느리게 숫자를 그릴 만한 화가를 한 명 고릅니다.

2 0부터 9까지의 숫자에서 하나를 선택해, 칠판이나 종이에 가능한 한 느리게, 최대한 헷갈리게 그리기 시작합니다. 어떤 숫자인지 알아보기 힘들게 말입니다.

예를 들어 이런 식으로 반원을 그리면서 시작할 수도 있겠죠.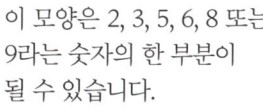

이 모양은 2, 3, 5, 6, 8 또는 9라는 숫자의 한 부분이 될 수 있습니다.

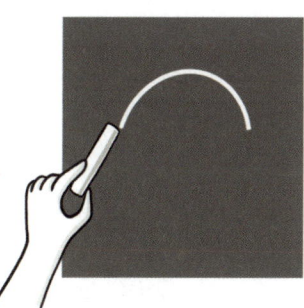

좀 더 천천히 그려가면서……

이 모양은 여전히 6이나 8 또는 9가 될 수 있습니다. 아니면 이미 0 자체로 끝날 수도 있겠죠?

3 계속 천천히 숫자를 그려갑니다.

4 먼저 맞는 숫자를 외치는 사람이 다음 문제의 숫자를 그립니다.

79 벤 게임

'벤 다이어그램Venn Diagram'과 관련된 게임입니다. 벤 다이어그램이란 수학에서 자주 사용되는, 뭔가를 한 그룹으로 묶는 손쉬운 방법입니다.

벤 다이어그램은 무엇인가요?

2개 이상의 원을 겹치는 방식으로 사물을 분류하는 방식입니다. 다음 예를 볼까요?

이 벤 다이어그램은 겹쳐 있는 두 개의 원을 갖고 있습니다.

이 원은 20까지의 숫자들 가운데 제곱수인 것들입니다(제곱수란 무엇일까요? 16페이지를 보세요!).

이 원은 20까지의 숫자들 가운데 홀수를 포함한 것입니다.

겹치는 부분에는 양쪽 모두에 속하는 숫자를 씁니다.

그룹 어디에도 속하지 않는 숫자들은 원 바깥으로 떨어져 나가게 됩니다.

이것은 여러 명이 하기에 알맞은 게임입니다. 더 적은 인원수라면 책상 위에서 하는 버전을 해 보세요.

준비물
- 운동장이나 경기장과 같은 넓은 야외 공간
- 분필, 밧줄, 미니 깃발, 고깔과 같은 원을 만들 수 있는 어떤 것

게임 방법

1 운동장에 커다란 두 개의 원이 겹쳐지도록 그리세요.

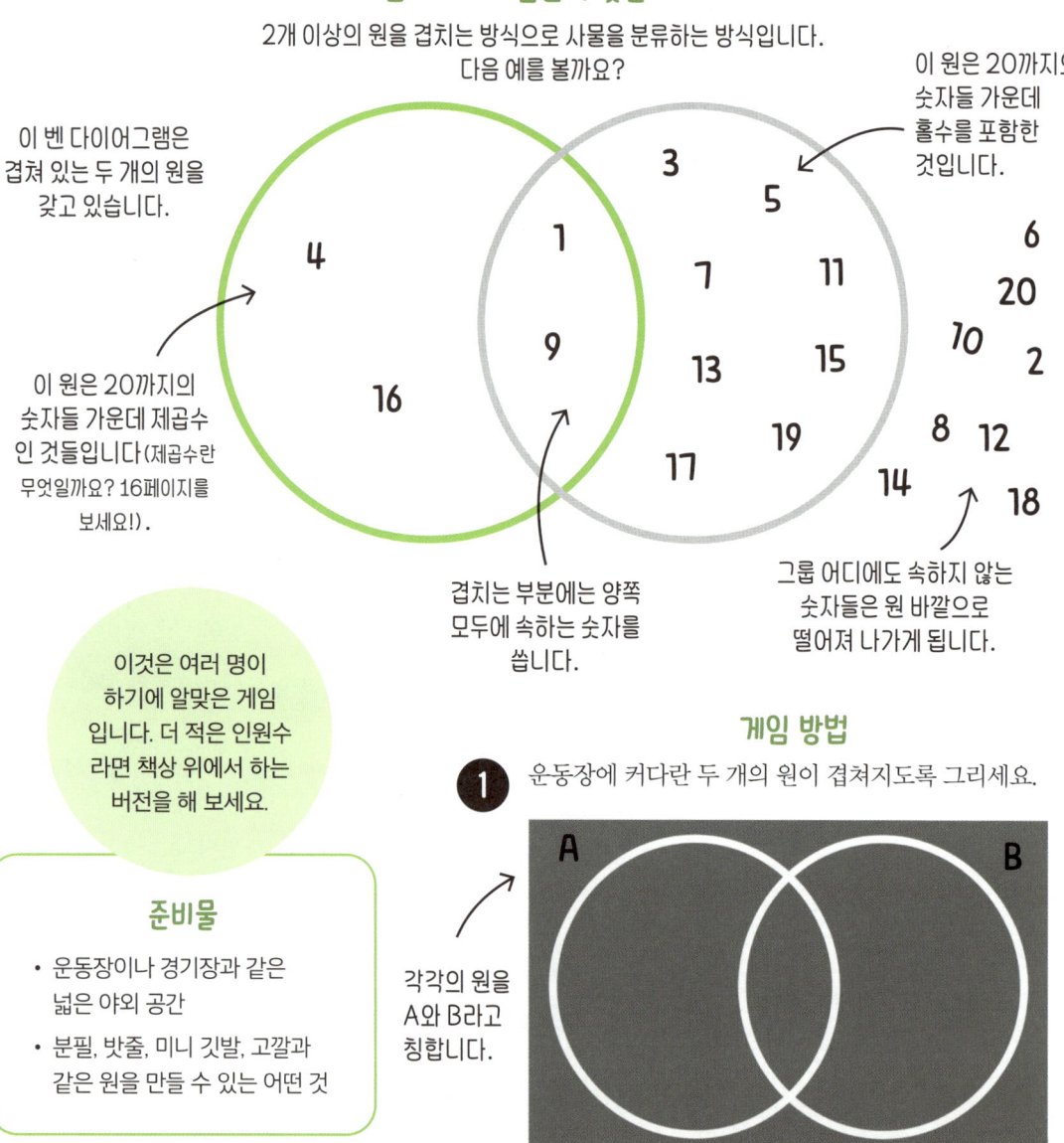

각각의 원을 A와 B라고 칭합니다.

② '게임 진행자'는 두 개의 원이 무엇을 나타내는지 외칩니다.

"원 A는 개를 사랑하는 사람들!"

"원 B는 고양이를 사랑하는 사람들!"

다양한 아이디어가 있습니다.

원 A는 브로콜리를 좋아하는 사람
원 B는 토마토를 좋아하는 사람

원 A는 캠핑을 좋아하는 사람
원 B는 농구를 좋아하는 사람

원 A는 머리가 갈색인 사람
원 B는 안경을 낀 사람

③ 셋을 세는 동안, 모든 사람은 해당하는 위치로 달려갑니다. 개나 고양이 중 하나를 사랑하는 사람들은 그에 맞는 원으로 갑니다. 둘 다 사랑하는 사람은 겹치는 부분으로 갑니다. 둘 다 사랑하지 않는 사람들은 원 밖에 머무르면 되겠죠!

이렇게도 해 보세요!
끈으로 탁자 위에 두 개의 겹치는 원을 만드세요. 종잇조각에 몇몇 형용사를 적어 그릇에 넣으세요. 잘 섞은 다음, 그 가운데 2개를 꺼내세요. 이제 거기에 알맞은 물건을 찾아 달리는 겁니다.

둥근 물건들

녹색 물건들

이 녹색 단추는 둘 다에 해당이 되네요!

이 벽돌은 어디에도 해당이 되지 않네요.

1분 후에 당신은 무엇을 찾았나요? 벤 다이어그램의 어느 한 원에라도 해당이 되는 물건이면 1점을 얻고, 겹치는 부분에 해당하는 물건이면 5점을 획득합니다.

80 슈퍼 빙고

재미있는 수학 빙고 게임입니다.
게임을 시작하기 전에 머릿속을 비우고 집중하세요!

> 5~10명의 참가자와 게임 진행자 1명이 더 있으면 좋습니다. 각 참가자는 자신만의 빙고 카드가 필요합니다.

게임 준비

1 각 참가자는 판지에 대략 12cm의 사각형을 그려 오립니다.

준비물
- 아무 무늬가 없는 판지
- 가위
- 자
- 종이
- 컵
- 각자 사용할 펜이나 연필

2 카드에 3×3의 9칸 격자를 그립니다.

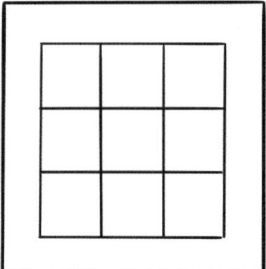

3 종이에 1부터 20까지의 숫자를 쓴 다음 하나씩 따로 오려 냅니다. 잘라 낸 숫자 종이들을 컵이나 오목한 그릇에 넣고 흔듭니다.

4 컵에서 임의로 9개의 숫자를 꺼냅니다. 예를 들어 이렇게 9개를 뽑았다고 합시다.

```
 2   15   4
18   11   7
 8   16  20
```

5 9개의 숫자를 이와 같이 카드 위에 옮겨 적습니다.

2	15	4
18	11	7
8	16	20

게임 방법

6 계속해서 똑같은 방식으로 카드를 만듭니다. 다만, 새로운 카드를 만들 때마다 이전에 뽑았던 숫자들과 똑같은 숫자를 뽑지는 않았는지 반드시 확인하세요. 모든 카드의 숫자는 겹치지 않아야 합니다.

10 각자에게 빙고 카드와 펜이나 연필을 줍니다.

11 진행자는 컵에서 임의로 문제 하나를 꺼내 크게 읽습니다(답이 아닙니다!).

24 − 21

7 이제 1부터 20까지의 숫자를 하나의 목록에 쓰세요. 각 숫자 옆에는 다음과 같이 그 숫자가 해답이 되는 방정식 문제를 적습니다.

```
1    10 − 9
2    4 ÷ 2
3    24 − 21
4    12 ÷ 3
5    2 + 3
6    36 ÷ 6
7    18 − 11
… 기타 등등
```

12 게임 참가자들은 문제를 풀고 해당 숫자가 자신의 카드에 있는지 확인합니다. 숫자가 있다면 가위표를 해서 지웁니다.

8 그 목록을 오려 개별적인 수학 문제로 만듭니다.

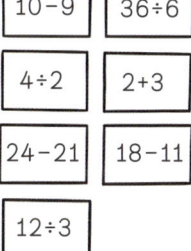

13 진행자가 이런 식으로 계속하면, 마침내 카드에 있는 모든 숫자를 지운 사람이 나타납니다. 해당하는 사람은 '슈퍼 빙고!'라고 외치고 게임의 승자가 됩니다!

9 그런 다음, 컵에서 숫자들을 꺼내고, 모든 수학 문제들을 컵 안에 넣으세요.

81 딱정벌레 그리기

이것은 잘 알려진 재미있는 수학 게임입니다.
가장 먼저 딱정벌레를 그리는 사람이 되어 보세요!

게임 방법

1 게임 참가자들은 탁자나 바닥에 둥그렇게 둘러앉아 교대로 게임을 진행합니다.

2 본인 차례가 되면 주사위를 굴립니다. 어떤 숫자가 나오느냐에 따라 딱정벌레 그리기를 시작하거나 그것에 딱정벌레 부위를 추가해 그릴 수 있습니다.

3 각기 다른 주사위 숫자는 딱정벌레의 여러 부분을 나타냅니다.

준비물
- 각자 쓸 종이, 펜이나 연필
- 모든 사람이 공유할 수 있는 주사위 1개

```
1 = 몸통
2 = 머리
3 = 다리 하나 (총 6개)
4 = 눈 하나 (총 2개)
5 = 더듬이(촉수) 하나 (총 2개)
6 = 꼬리
```

> 몇 명이든 할 수 있는 게임이지만 2~10명 사이가 적당해요.

4 그림을 그리기 위해서는 1이 나오도록 굴려야 합니다. 다른 부분들을 덧붙이기 위해서는 그 전에 몸통이 필요하니까요. 1이 나왔다면 몸통을 그리세요.

5 다음 차례에는 3이 나올 수도 있겠네요. 그러면 다리 하나를 덧붙일 수 있다는 뜻입니다.

6 눈이나 더듬이를 덧붙이려면 그 전에 머리를 그려야 하니까, 주사위를 굴려서 2가 나왔으면 좋겠네요.

꽝이 나올 수도 있어요

주사위를 굴려서 사용할 수 없는 숫자가 나왔다면 다시 본인의 차례가 올 때까지 기다려야만 합니다.

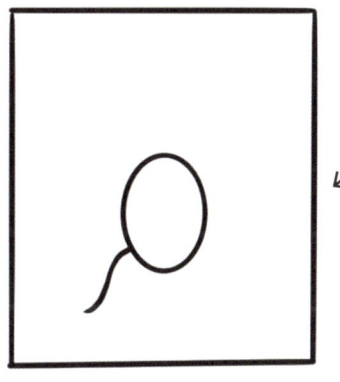

예를 들어 주사위 숫자 2를 얻기 전에 4가 나왔다면 아무것도 그릴 수가 없습니다. 왜냐하면 이 딱정벌레에는 아직 머리가 없으니까요.

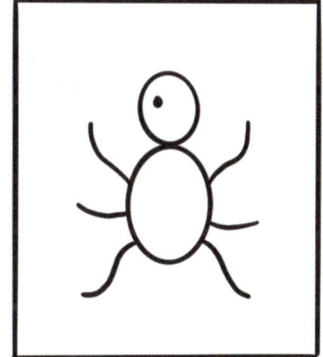

또는 이미 6개의 다리가 모두 달려 있는 딱정벌레라면 다리는 더 이상 그릴 수 없습니다.

만약 누군가 주사위를 굴려서 3이 나왔는데 더 이상 다리를 추가할 수 없다면, 다시 자기 차례가 올 때까지 기다려야 해요.

82. 101 아웃

주사위로 하는 팀 게임으로, 정확히 101점을 얻기 위해 노력해야 합니다. 더 높은 점수도 소용없어요!

게임 방법

1. 각 팀은 종이에 점수를 기록할 득점 기록원을 정합니다.

2. 각 팀이 교대로 진행합니다. 차례가 되면 주사위를 굴려, 그렇게 나온 숫자를 외칠 사람을 1명 선택합니다.

준비물

각 팀마다
- 주사위
- 종이 몇 장
- 펜 또는 연필

3. 주사위를 굴릴 때마다 팀은 그 숫자를 그대로 사용할지 아니면 그 숫자에 10을 곱할지 선택할 수 있습니다. 예를 들어 3이 나왔다면 그것을 3 또는 30으로 사용할 수 있습니다.

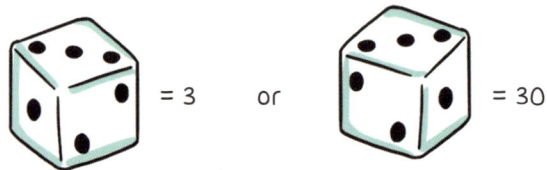

몇 명이든 두 팀으로 나눠 진행할 수 있습니다. 예를 들어 20명이 있다면 10명씩 두 팀으로 나눠 진행합니다.

4. 팀의 모든 사람들이 얻은 점수를 더했을 때 딱 101점이 되게 하는 것이 관건입니다. 더 높은 점수도 소용없어요.

⑤ 게임을 시작할 때는 아마 총점을 빨리 늘리기 위해 10배 득점 찬스를 사용하길 원할 거예요. 그러나 101점에 가까워질수록 더 작은 숫자가 필요해질 겁니다.

주사위 던지기	득점	총점
🎲	50	50
🎲	20	70
🎲	6	76
🎲	10	86
🎲	10	96
🎲	1	97
🎲	3	100

⑥ 만약 정확하게 101점에 달했다면 그 즉시 승리합니다! 그러나 101점이 넘어간다면 그대로 패배하게 됩니다.

⑦ 101점에 가까워질수록 점수가 오버될 가능성이 높아집니다. 따라서 각 팀은 득점을 멈추고 총점 97점이나 100점을 고수할 것인지 아닌지를 결정해야 합니다. 이럴 경우, 101점에 가장 가까운(지나치면 안 되고) 팀이 승자가 됩니다. 두 팀 모두 동일한 점수를 얻었다면 무승부가 됩니다.

101 전투
게임이 매우 짧은 시간 안에 끝나기 때문에 여러 판을 진행해 어느 팀이 더 많이 이기는지를 겨루고 싶어질 거예요.

83 팀 번호 게임

팀으로 나눠 할 수 있는 정말 간단하고 흥미로우며 요란한 숫자 게임을 소개합니다.

게임 준비

1 커다란 판지 20장을 10개씩 두 벌로 나누어, 마커펜으로 0부터 9까지의 숫자를 쓰세요. 할 수 있는 한 크고 명확하게 씁니다.

준비물
- 커다란 판지 20장
- 마커펜 또는 연필

게임 방법

2 각 팀에게 카드 한 벌을 주고, 두 그룹으로 나눠 앉으라고 합니다.

3 진행자가 숫자를 하나 생각한 후, 크게 외치면서 게임을 시작합니다. 카드를 들어 그 숫자를 먼저 보여 주는 팀이 1점을 얻습니다. 간단하죠! 예를 들어, 진행자가 '472'라는 숫자를 골랐다고 합시다.

각 팀별로 적어도 4명의 참가자와 숫자를 외칠 게임 진행자 1명, 그래서 최소한 총 9명의 사람이 필요합니다.

④ 각 팀의 팀원들은 4와 7과 2라는 세 장의 카드를 찾아, 세 사람이 카드 하나씩 나란히 들고 있어야 합니다. 물론, 게임 진행자와 상대 팀의 위치에서 봤을 때 옳은 순서로 들고 있어야만 하죠.

⑤ 진행자가 선택한 숫자는 어떤 자릿수의 숫자여도 상관없으며, 각 팀의 사람들이 각자 하나씩 카드를 들 수 있으면 됩니다. 따라서 각 팀이 네 사람이라면, 숫자는 한 자릿수부터 네 자릿수까지 가능하겠네요.

⑥ 물론 참가자 수가 이보다 더 많다면, 진행자는 더 긴 숫자들을 외칠 수 있습니다.

⑦ 또한 각 팀에는 오직 각 숫자가 하나씩밖에 없으므로, 각 자릿수에 있는 숫자들은 제각기 달라야 합니다.
예를 들어 6371이라는 숫자는 가능하지만 6333이라는 숫자는 곤란하죠. 팀에는 3이란 숫자 카드가 오직 하나밖에 없으니까요.

139

84 37 게임

수학 파티에 완벽하게 어울리는 왁자지껄한 숫자 게임입니다!

게임 준비

1 시작하기 전에 8개에서 10개까지의 숫자 목록을 쓰고 각 숫자가 어떤 행동을 나타내는지 정하세요. 함께 하는 사람들이 같이 아이디어를 생각해 내도 좋습니다.

> 게임 참가자 수는 제한이 없으며 숫자를 외칠 게임 진행자가 필요합니다.

10	제자리 점프하기
21	두 번 돌기
3	박수치기
15	자신의 머리에 양손 올리기
99	자신의 이름 외치기
7	바닥에 앉기
42	완전히 침묵하기

준비물
- 보드 또는 종이
- 벽
- 마커펜 또는 연필
- 테이프

게임 방법

2 보드나 종이에 커다랗게 위의 목록을 쓴 다음 모두가 볼 수 있는 벽에 고정시킵니다.

3 모두가 일정한 공간에 서서 게임 진행자가 목록에 있는 숫자를 외치기를 기다립니다.

④ 숫자를 듣자마자 그에 해당하는 행위를 해야 합니다.

⑤ 해당 행위를 제일 마지막에 하는 사람은 탈락이며 한쪽 옆에서 기다려야 합니다(또는 게임 진행자를 도울 수도 있죠).

⑥ 마지막까지 남은 한 사람이 승자입니다!

37 게임
왜 37 게임이라고 부르냐고요? 특별한 숫자이기 때문입니다. 진행자가 '37'이라고 외치면 목록에 있는 행동을 모두 해야만 하거든요!

게임 속 과학
처음 게임을 시작할 때는 좀 느리게 진행될 거예요. 자꾸만 목록을 확인해야 할 테니까요. 그러다 모든 숫자와 행동을 다 기억하게 되면 마치 춤을 추는 것처럼 점점 빨리 진행될 거예요.

용어 해설

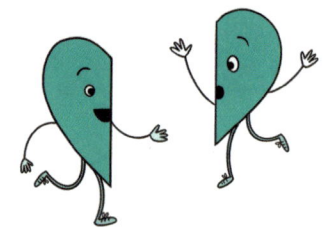

10진법 Base ten 0에서 9까지 10개의 숫자들을 한 묶음으로 하여 1자리 올려 가는 숫자 표기 방식.

2진법 Base two 0과 1, 2개의 숫자만 사용하는 숫자 표기 방식.

공식 Formula 특정 결과를 도출해 내기 위해 적용되는 규칙 또는 일련의 규칙들.

대칭적인 Symmetrical 양쪽이 동일한 대칭 모양으로, 한쪽이 다른 쪽의 거울 이미지임.

반원 Semicircle 원의 반을 나타낸 모양.

반지름 Radius 원의 가장자리에서 중심까지의 거리.

벤 다이어그램 Venn diagram 겹치는 원을 사용하여 어떤 대상이 서로 다른 범주에 얼마나 속하는지 보여 주는 다이어그램의 한 유형.

분수 Fraction 전체의 비율로서 나타내는 수나 양의 부분. 예를 들어 4분의 3은 네 개의 동일한 부분 중 세 개를 의미함.

소수(小數) Decimal number 두 정수 사이의 수로서, 1.6 또는 3.75처럼 소수점 이하에 숫자들을 가진 수.

소수(素數) Prime number 17과 같이, 자기 자신과 1로만 나누어질 수 있는 숫자.

수열 Sequence 다음에 올 숫자를 예측하는 규칙을 따르는 일련의 숫자들.

수직의 Vertical 가로등의 기둥처럼 위아래로 이어지는 선이나 모양.

수평의 Horizontal 수평선처럼, 좌우로 이어지는 선이나 모양.

스무트 Smoot MIT 학생 올리버 스무트의 이름을 딴, 1.702m(5피트 7인치)와 동일한 길이의 측정값.

스키테일 Scytale 암호화된 메시지를 보낼 때 사용되던 긴 원통 모양의 도구.

암호화 Encryption 메시지나 기타 여러 정보를 암호로 바꾸는 과정.

오각형 Pentagon 5개 직선의 변을 가진 모양.

원주 Circumference 원의 가장자리 둘레의 거리.

육각형 Hexagon 6개 직선의 변을 가진 모양.

이진수 Binary 이진법으로 나타낸 수.

자릿수 Digit 하나의 정수 기호. 우리가 수학에서 일반적으로 사용하는 숫자는 1, 2, 3, 4, 5, 6, 7, 8, 9, 0이다. 자릿수는 더 큰 다른 숫자를 만들기 위해 결합됨.

정수 Whole number 3과 ½ 또는 3.5와 같은 분수나 소수가 아닌, 30이나 10 또는 200과 같은 완전수.

제곱수 Square number 9(3×3)와 같이 자신을 곱해서 나온 수. 점들의 제곱수는 정사각형 패턴으로 점들이 배열될 수 있음.

증명 Proof 수학에서 어떤 생각이나 이론이 참이라는 것을 보여주는 입증.

지름 Diameter 원의 중심을 가로지르는 거리.

직각 Right angle 정사각형의 모서리처럼, 90° 각도를 나타냄.

탱그램 Tangram 하나의 큰 모양을 만드는 여러 개의 작은 모양으로 구성된 퍼즐.

파이 Pi 약 3.141592인 소수로, 원주를 원의 지름으로 나눈 결괏값.

평균 Average 숫자 그룹의 중간값 또는 대푯값. 숫자를 모두 더한 다음 그룹의 구성원이나 구성체 수로 나누면 나오는 값.

정답

37페이지
1 2 4 8 16 32 64 (매번 이전 숫자의 2배씩 늘어남)
1 4 9 16 25 36 (매번 1씩 늘어나는 수의 제곱)
1 2 4 7 11 16 22 29 37 (매번 건너뛰는 수가 1씩 늘어남)
1 1 2 3 5 8 13 21 34 55 (매번 앞의 두 숫자를 더함)

51페이지
오른쪽

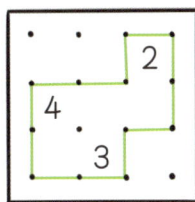

50페이지

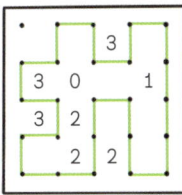

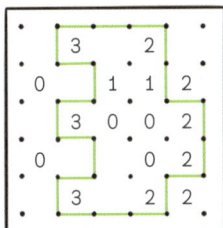

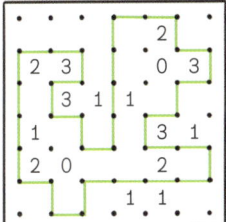

53페이지

51페이지
왼쪽

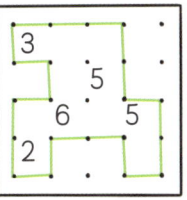

143

정답

56페이지
되는 모양 : 정삼각형, 정육각형, 넓은 H

57페이지
정오각형과 마름모꼴

59페이지

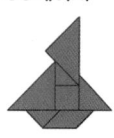  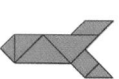
 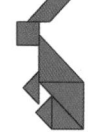 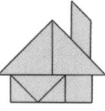

65페이지
HELLO

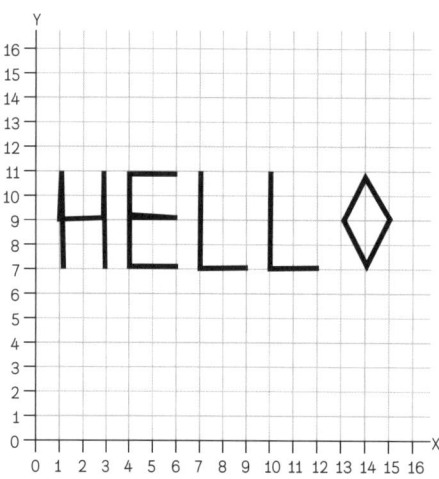

67페이지
사각형은 38개의 삼각형을 가지고 있으며, 별은 34개의 삼각형을 가지고 있음.

69페이지
① b ② d ③ c

92~93페이지

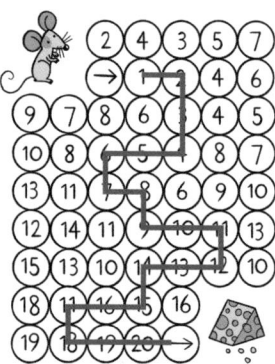

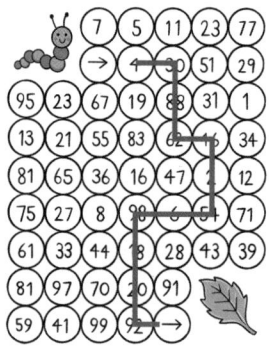